陈式太极拳技击法习练精要

陈式太极拳械习练精要

CHENSHI TAIJIQUANXIE XILIAN JINGYAO

张富香　崔路明◎编著

河南科学技术出版社
·郑州·

内容提要

陈式太极拳技击法，别具一格，特点鲜明。它是太极拳全部功夫的基础和入手点，又是太极拳综合功能的落脚点。本书从初学技击入门着手，以陈式太极拳老架一路为依据，以太极八法为纲要，以技击法则为基础，以一招制敌为目的，结合拳势和劲路，分别对太极推手、拿法、技击法等做了详尽的描述，使初学者对太极技击产生感性认识和兴趣。

本书内容新颖，层次分明，图文并茂，通俗易懂，具有较强的实用性和可操作性。本书适于具有初中以上文化程度的人阅读，也可作为太极拳培训教材使用。

图书在版编目（CIP）数据

陈式太极拳技击法习练精要／张富香，崔路明编著．—郑州：河南科学技术出版社，2013.5（2013.7 重印）

（陈式太极拳械习练精要）

ISBN 978-7-5349-6051-2

Ⅰ．①陈…　Ⅱ．①张…②崔…　Ⅲ．①陈式太极拳－套路（武术）－图解　Ⅳ．① G852.111.9-64

中国版本图书馆 CIP 数据核字（2012）第 320558 号

出版发行：河南科学技术出版社
地址：郑州市经五路 66 号　　邮编：450002
电话：（0371）65788633　65788613
网址：www.hnstp.cn

策划编辑：韩雅楠
责任编辑：司　芳
责任校对：柯　姣
封面设计：张　伟
版式设计：张　伟
责任印制：张艳芳
印　　刷：郑州文华印务有限公司
经　　销：全国新华书店
幅面尺寸：148 mm×210 mm　**印张：**8.25　**字数：**210 千字
版　　次：2013 年 5 月第 1 版　2013 年 7 月第 2 次印刷
定　　价：22.80 元（赠 DVD 光盘）

作者简介

张富香，女，汉族，大专学历，1967年出生于河南温县，陈式太极拳第十二代传人，国家一级裁判员、一级教练员、一级社会体育指导员，国际太极拳传播大使，中国太极拳优秀人才，中国武术协会会员，中国武术六段，中国武术段位指导员、考评员、武术技能管理员。她曾任温县太极武术馆副馆长兼教练、陈家沟太极拳推广中心教练、陈家沟太极拳功夫学校教练，现任富香武院院长兼总教练。

她做事执着，酷爱太极。利用太极拳发祥地的优势条件，在各位太极拳大师的精心指点和自身勤学苦练的基础上，她刻苦钻研太极拳理论，习练太极拳各路技艺，熟练掌握了太极拳的各种拳械套路，在太极拳的重大比赛中频频获奖，并多次担任河南省武术比赛和温县太极拳、剑、推手锦标赛的裁判工作，是太极拳之乡崛起的新一代巾帼新秀，被誉为“太极女杰”。

多年来，在太极拳非物质文化遗产的感召下，她奔波于全国各地，义务为大家传拳授艺，多次被邀请到机关和企、事业单位担任太极拳教练，桃李满天下。

崔路明，女，汉族，大学本科学历，1989年出生于河南温县，自幼随母亲练拳，多次随团外出进行拳术交流，现为国家二级运动员，国家二级裁判员，一级教练员，中国武术协会会员，中国武术五段。她曾在温县第十三届太极拳、剑推手锦标赛上，获女子陈式太极拳第一名，太极剑第一名；第四届国际焦作太极拳交流大赛女子青少年组陈式太极拳传统套路一等奖，太极短器械一等奖；2007年8月，获中国陈家沟太极拳邀请赛女子丙组传统陈式太极拳一等奖，太极剑一等奖，陈式太极拳规定套路第一名；2007年10月，获河南省青少年传统武术锦标赛女子青年组56式太极拳第二名；2011年8月，在中国焦作第六届国际太极拳年会上，任第四赛场裁判。

总序

太极拳是黄河与洛河交汇、冲击、浸润的结晶，在中原文化和中华智慧的映照下，中国武术因其深蕴的文化内涵而步入更高的境界。它以身体的韵律、姿态与神韵为语言讲述着中国古人对生命、对运动的理解，阐述着人体结构的自然规律和天人合一的哲理。它又是我国传统文化精髓与武术文化完美结合的产物，是凝聚传统文化光彩夺目的明珠，是中国几千年灿烂文化的非物质文化遗产。

太极拳具有极高的艺术性和科学性，它精奥细致、理论深厚、动作优美，整个套路的编排皆符合太极阴阳之理。要练好太极拳，一是要根据“练拳入门须口授”拜一位德高望重之师；二是要结合“久练为熟，久熟为巧，熟能生巧，巧能生精”的经验总结和老师的要领提示进行刻苦练习；三是要深悟太极之理、拳术之法，由招熟到懂劲，由懂劲入神明，这样才能领会太极拳的个中旨趣。

当前，在太极拳魅力的影响下，人们纷纷加入了练拳的行列。但在师少生多的情况下，急需拳理简明、通俗易懂的练拳辅导书。在此情况下，编者根据多年来的教拳经验和习练体会，结合前辈们的练拳宝典精髓，在摸索和实践中，潜思苦索，编著了这部“陈式太极拳械习练精要”丛书，旨在对太极拳暨太极文化进行挖掘和探索，为太极拳技艺的交流提供一个科学的信息平台，为太极拳爱好者提供通俗易懂的科普读物。

本套丛书共包括五个方面的内容。第一分册为《陈式太极拳新手初上路》，从最基本的基础动作到行拳走架、拆架、太极八法、缠丝等讲解，使初学者由浅入深、循序渐进地了解和掌握太极拳的手法、腿法和缠丝法，为学习拳架打下坚实的基础。

第二分册、第三分册分别为《陈式太极拳老架一路习练精要》、《陈式太极拳老架二路习练精要》。书中采用拆架、分式讲授的形式，力求使初学者弄清楚一招一式每个动作的来龙去脉，了解动作的基本要求，明白每个姿势的要领、角度和比较明显的重心变换。

第四分册为《陈式太极剑习练精要》。在这本器械类书中，分别对陈式太极单剑、双剑的基本手法和用法，以及各招式动作变换进行了详细讲解。

第五分册为《陈式太极拳技击法习练精要》。本书是前边各书精华的总结，是太极武术的精华。它通过“粘、连、黏、随”的技击法纲要，诠释了 “听、化、拿、发”的技击内涵，达到拳自心中出、手随意念生的技击神明。

该套丛书的最大特点，就是没有深奥的理论，采用了一图一意一讲的写作手法，以通俗易懂的说理、耐人寻味的语言、喜闻乐见的图文、活灵精湛的视频，力求使读者真切地感受到陈式太极拳（剑）的真正内涵和陈式太极拳（剑）技艺的魅力。书的内容新颖，层次分明，书中采用文字引路、图片说明、视频助教的传授方法，达到一看即明、一读即通、一练即会的学习效果，让读者有亲临讲学现场之感。

在编著此书的过程中，陈照森、陈二虎二位恩师给予了全方位的技术指导；龙腾对本书的插图和视频取材及编辑制作而不辞劳苦；各地的德高望重的太极拳老师、太极拳爱好者对本书的内容编排提出了诸多宝贵意见和建议；富香武院的全体师生给予了极大的支持和帮助；河南温县电视台、沁阳市电视台李婳、李永军领导，以及播音员祝冰、张睿、孙倩、苗芳为本书的配套视频讲解配音做出了应有的贡献。在此，一并表示衷心的感谢。

由于作者拳术知识及写作能力有限，著作之中难免有不妥之处，敬请广大读者不吝赐教和谅解。

编　者

2012年6月

前言

孙子曰：“兵无常势，水无常形，能因敌变化而取胜者谓之林。”陈式太极拳创始人陈王廷披坚执锐扫荡群雄的英雄豪气，陈长兴行走刀尖千里走镖的一生传奇，杨露禅战遍皇府得誉“杨无敌”的封号，陈发科京都立场被武林界尊为“太极一人”的威武风采，展现给世人的就是这“因敌变化而取胜者”，是陈式太极拳的博大精深、变化莫测的技击神功。

陈式太极拳，螺旋缠绕，阴阳结合，刚柔相济，开中有合，合中有开，动中有静，内外统一，形成了以静制动、后发先至、引进落空、以柔克刚、四两拨千斤的太极拳技击之理。人刚我柔谓之走，我顺人背谓之粘，动急则急应，动缓则缓随，以静制动，就是太极拳技击之理的真实体现。

陈式太极拳技击术别具一格，特点鲜明，是懂劲与神明阶段的综合反映。所谓“听之于心，疑之于耳，行之于气，运之于手”“以心行意，以意行气，以气运身，听而后发”就是对懂劲的高度概括，这样就能达到“人不知我，而我独知人”，进击目标特别精确的神明效果。所以太极拳技击被称为“因敌变化示神奇”的妙技。

陈式太极拳，式式招招都充满了技击含义，它是太极拳全部功夫的基础和入手点，是太极拳综合功能的落脚点。认识技击术，须先认识人的本能。人的本能有强弱之分，在争斗中自然就有胜负之分。本书从习练推手练听劲开始，到陈式太极拳拿法、技击法、防身自卫术，遵循先易后难、动静结合、循序渐进的原则，帮助太极爱好者树立“一勤二苦三恒”的练功态度，以最大限度地发挥人的思维能力和体能潜力，充分体现争斗中的技术力量，从而征服对手。

本书共分5章，以陈式太极拳老架一路74式为依据，以太极八法为纲要，以技击法则为基础，以一招制敌为目的，结合拳势和劲路，论其要，括其词，发其隐而类编之，是陈式太极拳在实战应用中的经验总结和拓展。

习练太极拳技击法，必循“惟不争耳”的太极拳宗旨，一定要与“共建和谐社会”相结合，在强身健体的基础上，增加自身的防御能力和为民除害的技术手段，增强报效国家的责任感。

编 者

2012年6月

目录

第一章

技击概要

《夜行宗谱》载述：所谓技击，是用武艺行实战搏杀之能。所谓技击术，系专事修炼实战搏杀之手法、腿法、步法、身法、功法、心法等技艺及其综合运用的技法。技击之法，不求其形，但究其理；不求其势，但究其道；不求其定，但究其机。它循五行生克之理，阴阳变化之道，以静制动，柔化刚打，避实击虚，无形无象，道法自然。

第一节　技击术的起源与传承

任何事物的产生和发展，都要经过一个历史的发展过程，太极拳技击法也是如此，它的产生与发展，是武术文化的一种延续和传承。

追溯技击之源，探索发展之史，历史把我们带到了原始社会。在那个自然的狩猎时代，人们为了生存和生活，逐渐学会了躲闪、远跳、翻滚，以及运用木棒、石器与野兽进行劈、砍、刺、投等搏斗的技能。这些简单的搏斗技能，就是武术技击的萌芽。到了氏族公社时代，各部落间为了争夺地盘、俘虏及财富，经常发生部落搏斗，这种搏斗的技能被不断地总结和发展，拳捣、脚踢、木刺、搏击、摔打、劈砍等搏斗动作被模仿，促进了武术技击的发展。大家所熟悉的“黄帝战蚩尤”的故事就是那个时期部落搏斗的典型代表。

到了奴隶社会时期，武术技击的发展成了争夺地盘和地位的应用工具。传说禹帝死后，伯益继位，而此时夏部族的势力已经相当强大，而禹的儿子启不愿去朝拜伯益，便自立为帝，宣布建立夏王朝。在这种情况下，自然遭到伯益等部落首领的激烈反抗，形成了启和伯益的利益争夺的搏斗，经过多年战争，伯益兵败被杀。这些战争是武术技击成型的主要推动力。

春秋战国时期，是我国历史上激烈动荡的年代。在政治上奴隶制正向封建制转化，战争便成了政治斗争的最高形式，但这一战争形式也在发生变化，“相搏”“拳勇”“技击”攻防格斗的水平已远远超出了殷商时代。此时，技击不仅是战争的需要，而且逐渐成为人们文化生活中的一种享受。这一时期，擒拿、摔打的搏斗技击武术在民间得到了迅速的发展。为了战胜对方，攻防招数真假虚实，变化多端。

进入封建社会后，秦始皇统一六国。为了巩固其统治地位，防止战争，秦始皇号令禁绝武艺，收缴天下兵器，使武术技击受到了极大影响。到了汉代，由于人们的生活环境比较安定，尚武之风便开始复兴。也就是从这个时期开始，人们逐步认识到身体与自然的关系，武术技击开始向强身健体方面和表演娱乐方面发展，形成了民间武术技击。

当历史的车轮进入到封建社会的最后时期，农民起义接连不断，推动着武术技击向前发展。在这一时期，形成了练武从军、习武保镖和强身益寿的技击武术，并逐渐将技击推向了竞技的历史舞台，表明武术技击已经成熟。

在技击“擂台赛”的激励下，爱好武术的人们开始拜师学艺。在相互交流借鉴的基础上，逐渐形成了新的武术技击的风格特点，产生了新的流派。这些流派在形式和内容上受到了地域条件和生活方式的影响而逐渐形成了特色各异的地方拳种，带有鲜明的地域和民族特点。太极拳也就在这个武术发展的大环境中应运而生。

太极拳的产生和发展所伴随的就是强大的技击功能，技击可以说是太极拳的核心和灵魂。

第二节 陈式太极拳技击的特点

纵观太极拳创始人陈王廷披坚执锐扫荡群雄的英雄豪气，陈长兴龙骧虎步千里保镖的一生传奇，陈发科气吞山河立局摆阵的威武风采，展现给世人的无一不是博大精深、变化莫测的太极拳技艺。

太极拳的“技”，是指本领和方法；“击”，乃是手段和策略。太极拳技击是崇德尚武、修炼身心、强身健体、防身自卫的高层次的锻炼与实践，是摔、打、拿、化为一体的，变化无穷、文明高雅、精彩绝伦的交手艺术。它具有令人赞叹的竞技性、艺术性、观赏性、娱乐性和无穷的趣味性，主要特点如下。

一、以柔克刚，以静制动

老子在《道德经》四十三章中说：“天下之至柔，驰骋天下之至坚。”意思是天下间最柔和的东西，可以驰骋于天地间无所阻挡。太极拳技击中也包含了这种以柔克刚的原理。

1.以柔克刚 太极拳技击系用随敌劲伸缩而不含抵抗之柔劲，而是予以走化，使之落空，然后引出对方弱点，运用合力的原理发劲，从而收到以柔克刚、以小胜大的技击效果。并且，在太极拳技击的实战中，要求柔劲与松沉并用，这种松柔是人体在缓解外力冲击时的一种整体之力，同时也是肌肉、韧带、骨骼、神经等多种组织，在人体意念的支配下，产生出既有刚劲，又有富于弹韧之性的柔劲，从而实现粘连黏随的技击效能。

2.以静制动 静在太极拳技击中应视为一种战术。太极拳之静，乃动中之静，包括心理与生理两方面。心理之静，指任敌千变万化，我只以镇静应之。唯心静才能辨明敌劲之来龙去脉，才能乘其虚而攻之。在瞬息万变的技击情况下，应始终保持自身重心的稳定，此即生理之静。在保持自身静的同时，应千方百计地破坏对方心身的平衡，以利我之出击。以逸待劳，劲不虚发，是以静制动的原则。

二、缠绕折叠，引化合发

太极拳技击，主张一切从客观出发，随人则活，由己则滞。其技击遵循阴阳之理，以“引化合发”为主要的技击过程。技击中，由听劲或知对方来力大小及方向，“顺其势而改其路”，将来力引化，再借力发力。这就要遵循“缠绕折叠，松活弹抖，蓄发互变”的螺旋式运动形式，从而产生内气，以气运身，从而达到周身完整的统一。

“缠丝功”是练习太极拳技击独特的训练方法，是隐于体内、入于骨缝、循经走脉、缠绕运行而流布全身的一种内功。缠丝劲的运用及提高有以下几个转变过程，先练由大圈至中圈，再练由中圈至小圈，直至达到有圈而不见圈、有形而不见形的精深功夫，这样在太极拳技击时就能达到力出一点、发于心内、入于骨缝、外达肌肤、点点透骨的功效。

三、绕圆化直，以顺避逆

太极拳运动由无数圆圈组成，圆圈运动以逆来顺受技法避免了敌加于我的任何直接打击。因直来之力与我之圆相交，我旋转使力成斜角而分散，减退的程度与斜角的大小成正比，故走化甚省力；我还用黏随把敌套入我之圆圈，使其手足如蛛网所缠，进退不得。太极拳的圆圈运动奥妙无穷，但得之非易。初练时大而笨，缠则小而活，终则有圈之意、无圈之形，出手尚未见其转圈，敌已跌出，盖化与发于刹那间已告完成。

四、以弱胜强，借巧克敌

在太极拳技击中，以四两拨千斤是练拳者所追求的目标，也是在技击中要达到的技击效果。这种四两拨千斤，就是一种顺势借力，以巧取拙，用智集勇来击败对手的技能。

所谓弱，不是真正意义上的软“弱”无能，而是在技击中不主动进攻，根据对手进攻时用力的方向和路线，运用主动迎合并粘连的方式，以较小的引带力使对手用力的方向和线路发生变化，达到“以弱胜强”和“借巧克敌”的作用。

以弱胜强，借巧克敌，必须具有 “听劲”“懂劲”的功底才能完成。所以，在练拳走架和对练时，一定要持以虚灵的气势，以神意粘着对方，出手时轻轻接触，不能用蛮力去抵抗，不多动、不妄动，轻轻地随着对方的来力而跟之、随之、顺势以应之， “听”出对方来劲后，进而掌握对方的劲，或化、或拿、或发、或放，达到一招制服。

五、舍己从人，我独知人

“舍己从人”是太极拳技击法的总则。《太极拳论》讲：“人刚我柔谓之走，我顺人背谓之粘。动急则急应，动缓则缓随。” 舍己者，就是当对方以强劲进攻之时，在意念的支配下，我则以走化之术，实现引化对方的作用力，使其失去重心以致陷入欲进不得、欲退不能的“背势”。从人者，就是舍己后，顺着对方的“背势”，“随人所动，随屈就伸”，达到动急则急应、动缓则缓随之效。李亦畲在《五字诀》中也讲到：“要悉心体认，随人所动，随屈就伸，不丢不顶，勿自伸缩。”这些就是对太极拳 “舍己从人”的精辟论述。

常言道："听之于心，疑之于耳，行之于气，运之于手""以心行意，以意行气，以气运身，听而后发。""听之于心，听而后发"讲的是听劲。听劲，就是要听懂对方的劲路，这样就能达到"人不知我，而我独知人"的境界，进击的目标就特别精确。

第三节　陈式太极拳技击的基本法则

技击者在运用技击法时，应用己长攻敌之短，灵活运用，以巧取胜。身高者利用自己四肢较长的优势，常袭远取高；身低者常近击取下；体重者常以静制动；体轻者常先发制人，以巧取胜。既懂得引空击空之法，又懂得以快制慢之理；既懂得以整击散之术，又明白以重击轻之数。这样使用技击才能取得成功。

拳谚说："理精法密艺自高。"因此，在技击中，必须既知技击之理，又要懂技击之法，加之长久深练，方能进入技击的殿堂。

一、身法

太极拳讲求省力击人的武术，借力打人、引进落空是太极拳最基本的特点。在这种情况下，要掌握太极拳"四两拨千斤"的巧妙艺术，身法既要立身中正安舒，又能伸缩收放、旋转自如。这样，就必须使头虚领顶劲，颈要自然竖直，肩要松沉，肘要沉坠下垂，胸要舒松自然，背要舒展伸拔，腰要自然松直，脊要保持正直，臀要收敛胯要松，膝要伸屈柔和。

而在技击中，对身法则有起落、进退、反侧、收纵之论。起落时，身起要横，身落要顺；进退时，进步要低，退步要高；反侧时，反身便于顾后，侧身便于顾左右；收纵时，收如猫伏地，纵同虎归山。

二、步法

《太极拳十大要论》第九论步法中讲：“今夫四肢百骸，主于动，而实运以步，步者，乃一身之根基，运动之枢纽也。”“活与不活，在于步，灵不灵，亦在于步。步之为用大矣哉！”所以，步法是根基，根基牢固则重心稳，没有步法就没有根基。

技击中运用步法时，要引太极之理，行于螺旋之内，以腰脊为轴心，折叠运化、进退有序、闪展灵活，形成一动无有不动的整体劲。以寸步、垫步、过步、快步、箭步五类步法为技击的最基本步法。寸步，就是一步而达，不差分寸；垫步，就是后脚垫一步，保持重心稳固；过步，步起在人前，步落过于人；快步，起前脚带后脚，平飞而去；箭步，就是连腿带脚并箭而上。在技击实战中，与人相距约1米远，可用寸步；相距1.5米远，可用垫步；遇身高力强之人，可用过步；相距2～3米，可用快步；遇人多或持有器械，可用箭步。灵活运用，出奇制胜。

三、手法

手法是指手臂的运使方法。太极拳技法的主体是手法，也就是前边所讲的掤、捋、挤、按、采、挒、肘、靠。手法的表现主要有两大类：第一，梢根互领，螺旋出入。凡是手法从近身端向外发出时，则是手领肘、肘领肩，同时肩催肘、肘催手。第二，屈蓄有余，劲贯落点。在手法运行中，上肢各个关节都要保持一定的弯曲度，肌肉要有一定的松软度。整个手臂的肌肉不可强收缩，不得有僵硬之感，也不可软弱无力，做到似松非松，似硬非硬。

在技击中，手法主要有出手、起手、领手、截手四种。出手即当胸直出；起手者，劲梢发有起有落，发劲时曲非曲，直非直；劲梢发起而未落为领手；顺起顺落参以领搓之意为截手。手法讲究，手起撩阴，肘发护心，起如猛虎扑人，落如雄鹰捉物。

四、足法

足是步型、步法的根基。根基不稳，步法必乱。足和手为四肢之体，为技击之用。拳论讲，远，足可蹬、可踢、可弹、可勾、可挂、可踩、可踏、可跺等法。强调起、翻、落、拈，忌踢，宜踩脚。

五、战法

所谓战法，就是二人交手进行搏击时的战术，主要有三项内容。

1.审时度势 兵书云："知己知彼，百战不殆。"二人交手技击，如同两军对战，所以审时度势是重要的一环。度势时，一是辨明地势的状况，二是审度对手的精神状态、体质强弱、动作是否灵活、发力是否浑厚，根据具体情况，决定战而胜之之策。如果两人相距很近，出手便能相接，要采用"近地宜速"之法，眼要看准，手要拨转，脚踏中门，束身而进，或打或踢，以迅猛为术。若二人相距较远，则应先缓缓动步，相机而进，待对方动机初露之时，即迅速扑上去。

2. 反应灵敏 拳技要精臻巧妙，机动灵活，一招一式，体现出打中有防，防中有打。拳论曰："心动快似马，臂动速如风。发手要快，不快则迟误，举手要活，不活则不快。起手如闪电，闪电不及合眸，打人如迅雷，迅雷不及掩耳。"

反应灵敏，动作迅速，是技击实战取胜的重要因素。所谓快，不只指速度，还要意、气、招法、劲路都走在对方之先，一出手便要将对方“吃”住，使其施展不开手脚，无法发挥其威力。

3.功底深厚 功底乃是交手取胜可靠的后盾，这其中有技术问题，也有经验问题。与人交手技击，情况复杂多变，这时就要把经验和功底相结合，才能灵活运用，得心应手，达到不思而得、无为而成的程度。

未接手时，要一气当先，初一接手，要变化灵活，能以横破直；上手时，撒手而出，着人成拳。出手时先占中门，眼要精、心要狠、身要进、发劲要整。技击中，远用手，近用肘；远用脚踢，近加膝；足踏高不过膝，膝顶高不过腹；进步时先进前脚，后退时先撤后脚；左进先迈左脚，右闪先动右脚。肩背宜松活，裆胯宜靠紧，腰脊柱善于转动。要动步不动心，动身不动气。心静而后步才能坚实，气静而后身才能稳固。神虽缓而眼疾，心虽缓而手疾，气虽缓而步疾，这样举手间胜负就已定。

第四节 技击习练简要

习拳有两种功能：一是健身养生，二是技击防身。而太极拳技击，则是包括推手、散打等拳法在内的一种综合性技术，它的最大特点就是动作简单，技法微妙，由内而外，实用性强。

俗语说：十年练拳，十年养气；内练一口气，外练筋骨皮。练拳是外部之功，养气是内部之能，只有待内功修炼到一定的程度后，才能彰显其外功，这就是太极拳内外兼修的实质。但是练拳的人都明白，十年练拳是练知己的功夫，技击修炼则是练知彼的功夫，两者结合，才能从招熟到懂劲，由懂劲而阶及神明。

那么怎样去修炼太极拳的技击呢？

一、真修拳架

传统的陈式太极拳，式式招招都充满了技击含义，它是太极拳全部功夫的基础和入手点，是太极拳综合功能的落脚点。

在习练太极拳时，要思想集中，全神贯注于每个动作，做到神聚、心静、意专、体松。即松开全身，以意运臂，以眼领手，以气贯指。如此练习日久，自能达到拳谚所说的“意到则气到，气到则劲自到”。在“换劲”的过程中，务须由松入柔，渐至刚柔相济。“先在心，后在身”，以意贯穿于各个部位。

除了练形之外，还要注重“匀”“连”二字。所谓“匀”，是指速度均匀；所谓“连”，是指动作连贯。天长日久，就能自然形成“如行云流水，连绵不断，滔滔不绝”的独特风格，达到刚柔相济、匀而相连的程度。

在练拳走架中，缠丝劲是一种复合劲，缠丝劲由内而发，由外而领。练习缠丝劲需立身中正，八面支撑，内外相随，上下相合，周身一家。通过身体的顺逆缠丝锻炼，达到伸筋拔骨，身体柔顺，内气充盈，以利技击发挥。

二、练松入柔

拳经云：“柔里有刚攻不破，刚中无柔不为坚。”也就是说：用刚不可无柔，无柔则环绕不速；用柔不可无刚，无刚则摧迫不捷。习练技击时，要虚领顶劲，沉肩坠肘，含胸塌腰，屈膝圆裆等。这些要领，实质上反映了身体各处自然放松、自然松沉，从而形成了上虚下实、上下一条线的姿势，并将其贯穿于动作的全过程之中。这样随着锻炼时间的延长，就会由松入柔，积柔成刚，刚复归柔，刚柔相济，粘连黏随，抖空腾闪，气血就会随着运动，柔缓匀顺地进行运转，对气血的升降、心脏的跳动都可以起到协调的作用。

所谓松，是身姿与身心于规矩之中的自然放松。所谓柔，是整劲能在周身隐而不发，自然转换。在习练时放松有诀窍：外松肩胯，内松胸腹。松肩胯以调形整， 松胸腹以生真气。松肩胯要与竖顶相合，通过拳架逐渐使身体内各骨节间之窍节自然松开，此为松之要。而柔的本质是拳学进阶之暗劲，就是刚劲在体内的转换机制。这种柔，按之则下，起之则上，可以上下相随，能伸能屈、能运能化、能粘能黏的有法之柔。

练松入柔，就是要通过慢练为基调来完成，这也正是陈式太极拳速度素质训练的有效办法。在训练中，时时调整身法，纠正错误，求得意、气、劲、形的完美结合，就能达到练松入柔、“浑然一体，周身一家”、“动急则急应，动缓则缓随”的境界。

三、练推积功

常言说：行家一搭手，便知有没有。如何成为行家，怎样才能知有没有？为了达到这种功夫，就必须进行两人推手对练。太极拳推手有单推手、双推手、定步推手、活步推手等。在推手训练中，不可追求固定程序，拘泥于形式，为推手而推手。在推手时必须进行各种条件下的针对训练，才更有利于太极劲的提高和应用。

太极劲是太极拳技击的基本要素之一，是夺取胜利的必备条件，也是技击的必修课。进行推手训练，就是要练好听劲、化劲、刚劲和发劲。俗语说：不知挨打之味，如何领会打人之道。所以，通过推手训练，才能感知对方所用劲力的力点、方向、大小、虚实的变化，才能利用这些信息变化练就“一羽不能加，蝇虫不能落”的技击功能。

在推手训练中，要敢于用手，敢于进招。提倡相互喂招，并要善于捕捉战机，狠抓一个“快”字，确保一个“准”字，心怀一个“稳”字，注重一个“细”字，运转一个“巧”字。

推手训练时，一般采用双人定步单推手，双人定步平圆、立圆单推手，以及双人定式或活式四正推手训练。不论采用哪种方法，均要在老师的指导下进行。

四、练胆增勇

《易传》云:“天行健，君子以自强不息。”自强不息的精神深深熔铸于中华民族的灵魂之中。在武术的实战中，自强不息的精神是取得胜利的根本保证。

人之强，不只在于个体高大，更在于心之坚忍，意志之顽强，精神之强悍。在练武时，各家武术虽各具风格，但在习练时大都讲究立身中正，不偏不倚，重心稳固；强调周身协调，形成整体发力；要求勇往直前，无畏无惧。在长期的习练中，不但能练就坚忍不拔的心态，还可使人气质从量变到质变，这就是公平、正义下的大智大勇。

在技击的实战中，最讲究的就是“一胆、二力、三功夫”“狭路相逢勇者胜”，以及“内固精神，外示安逸”和“外练筋骨皮，内练一口气”之说。内练的一口气就是勇气和胆量、胆识。这口气练成后，在技击中就能达到“心占先，意胜人，势欺人，神逼人，身攻人，艺压人”和“快、准、狠”。所以善练武者，必须练勇气和胆气。这种勇气和胆气的练习，就是通过练拳走架、推手和散打来实现的。但是在两人的对练中，要切记“满招损，谦收益”之语，人若胜我，则敬重之，不可有傲忌之心；人若不胜我，则谦待之，不可有轻薄之意。具有了练武者的这种胸怀和气度，勇气和胆气就会油然而生。

第二章

陈式太极拳技击的习练方法

太极拳技击，激烈而多变，要想掌握格斗的主动权，有效地制服对手，必须在速度、力量、耐力、灵敏、柔韧、战术、心理等方面下功夫。通过科学的训练，最大限度地发挥人的思维能力和体能潜力，充分体现争斗实战中的技术力量，从而征服对手。

第一节　八种劲别在技击中的用法

太极拳打手歌云:“掤捋挤按须认真，上下相随人难进，任他巨力来打我，牵动四两拨千斤。”由此看来，“掤、捋、挤、按、采、挒、肘、靠”这八种劲法，是太极拳技击中最为重要的基本内容。根据上面的推手训练可知，这八种劲别，是学练听劲、拿劲、发劲等劲的基础，也是打开太极拳技击之门的总钥匙。

从技击角度分析，掤、捋、挤、按属防守，是引化劲力的方法；采、挒、肘、靠属攻击，是产生劲力的手段。但是，防守中隐伏着进攻，攻击是有效的防守。在技击实战中，这八种劲别不是独立使用的，而是随敌因势变换、交错运用的，这也是太极拳技击术人不知我、我独知人的神奇之处。因此，要全面理解、掌握太极拳技击法，熟悉掌握“掤、捋、挤、按、采、挒、肘、靠”这八种基本劲别就显得尤为重要。

一、掤

在太极拳拳法中，将向上向外之势称为掤。掤劲为八劲之首，诸劲之冠，既有统劲之才，又有并劲之能。掤劲一出，犹如擎天大柱，八面支撑；如矛刺我，举盾相掤。在应用时，它与其他劲别联合使用，形成了掤捋、掤挤、掤按等复劲，使对方只有招架之功，无有还手之力，“出手含掤似围墙”就是对掤劲的精辟概括。

在使用时，双方一搭手，一方进身以手做攻势，另一方则顺势调整身法，腰胯后坐蓄劲避开来劲之锋芒，借其劲力而向上向外发劲，使对方的劲既不能到达另一方的身体部位，也不能随其意而下降。

在应用掤劲时，上身要正直，要虚灵顶劲，手臂的掤劲、腰的撑劲及腿的蹬劲相互配合，气沉丹田，上下节节贯穿，掤劲才能一涌而出。一般情况下，有单掤和双掤之分，如图2.1.1所示。但应切记，应用掤劲时要粘住对方，而不是与对方相对抗；并要保持自己臂肘有一定的弧度，而不使自己的小臂靠近腹部。

习练掤劲，可以陈式太极拳老架一路、陈式太极拳老架二路套路为主，进行习练深悟，即可得掤劲之精。

（a）单掤　　（b）双掤

图2.1.1　掤

二、捋

捋劲，在太极拳拳法中，就是顺对方之势，将对方向体侧跌出之劲。捋，如老汉捋胡须，姑娘捋辫子，其劲向为从上斜下，中弯圆滑，自然柔韧。

在技击中，逢挪必捋。当一方挪挤对方时，就要用捋劲以疏散其力。捋时应先粘其腕，一手臂肱部粘其臂外面，同时坐腰松胯后拧腰，顺势捋至己身左右侧，使人跌出，如图2.1.2所示。

习练捋劲，可练陈式太极拳中的斜行、双推手、白鹤亮翅等拳架。

图2.1.2　捋

三、挤

在技击中应用挤，在于使对方失去平衡而离开原来的位置，是由内向外延伸所用之劲，如核桃被双手挤压，遇挤就破；似厨师手捏饺子，一挤就成。

技击时的挤劲，是在捋劲后，一方迅速调正身法顺势化解捋劲，双手十字交叉，掌心向内，掌背向外，双肘下沉外撑，后腿微微坐劲。腰胯摆正后，后脚蹬地，前腿弓步，腰部发劲到双手掌接触另一方的中心点处，双掌向下弧形螺旋向外施挤，导致对方向后跌出。在挤时，双手臂要圆撑，后腿的屈伸和双手臂的旋转协调配合，形成整劲，如图2.1.3所示。

习练挤劲，可以单鞭、玉女穿梭等拳架为主进行，达到炉火纯青时，自然会得挤劲之妙。

图2.1.3 挤

四、按

按劲，是以一手或双手向下按压，使对方上身前俯，脚跟浮起。此劲如家妇揉面，看柔实刚，可积散成团。在技击时，彼用挤时，我乃变捋为按，这样改变了对方的进攻路线，使向前之劲力变为向下。用按时，必须粘其一点，不使对方滑脱，以起步为虚为引，落步为实为发，按时须手臂先抬，腰劲突发向下，一气呵成，并忌前俯后仰，直线下按，否则就会有“按下葫芦浮起瓢”的后果。如图2.1.4所示。

图2.1.4 按

按劲有长短之分，要因人而异，区别对待，灵活运用，不可固执不变。对于重心较稳固者，适于用长劲；对于功夫较差、底盘不稳者，可采取手指先按，然后疾速以掌后根短劲取之。但在用按劲时，须顶劲领起，全神贯注，含胸塌腰，周身一家，按之则劲力充溢。无论单手或双手按都须含胸、沉气、肋束、背张，做到落点清晰。在发劲时身体前后须对称，才不至于在发劲时因身体前俯后仰而失重。

习练按劲，可练陈式太极拳中的起势、搂膝等拳架。

五、采

采在十指，就是借十指之力，用手的虎口及手指抓实钳牢对方，顺人来势，接取其劲，指肚用力由外向内，由浅入深，采摘对方之软肋或关节活络处的各个部位，形同用指甲切断与截取葡萄一般。采劲乃是挤劲的反方向。因挤为向内合劲，采为向外分劲，以单手采时，应一手外掤一手顺势云采，掤采合劲后缠住对方手臂向下斜行为正法，如图2.1.5所示。

图2.1.5　采

采的过程中，应以含胸塌腰、沉肩坠肘、拧腰旋背为主，才能采得刚猛迅速，果断快捷。

采劲训练，可以陈式太极拳中的斜行、单鞭、野马分鬃等拳架为主进行练习，最后必能“采”得满载而归。

六、挒

挒劲犹如脚步不稳的趔趄之势，身体拧转的避让之态。它是根据捋与采相合的惯性原理，在捋采的基础上，劲路由顺劲变横劲而形成的劲别。在挒时，应随着对方的挤劲重心后移，身体略侧转，在侧转中急速改变劲路，以小臂向前发击挒劲。在一肘向前挒击时，另一手正好向内旋转，这两股劲正好反方向错开，一挒即中，如图2.1.6所示。

图2.1.6 挒

挒劲有内挒、外挒等挒法，使用挒劲须与对方相距半步远，方可用之，并要周身相随，内外合一，劲宜短不宜长，劲力也不可过大，否则容易误伤他人。在初练挒劲时，可先点到为止。只有在实践中反复演练手法，对各种出手分寸能够准确地把握时，才能做到心感神知，气劲运走，恰到好处。

训练挒劲，要多练陈式太极拳中的倒卷肱、闪通背、小擒打等拳架，就能在技击中达到炉火纯青的境界。

七、肘

在技击中，用手击人应有相当距离。太远时，手未到而劲已断；过近时，则劲势被闭而不能发，所以此刻则改肘劲相击。肘劲，是小臂内屈，用肘四周之部位所发出的劲。用肘劲之时，需要调整与对方的距离，常采取一脚插入对方裆内或身后，上步发肘，全神贯注，含胸塌腰，双脚蹬地，拧腰转背，使劲节节贯穿，直击对方，如图2.1.7所示。

图2.1.7 肘

在技击时，如一方用搠劲向另一方进攻时，另一方右腿快速向前上步，右手臂紧粘一方的左手臂，控制住其周身。另一方左手握拳向上旋转的同时，腰胯拧劲向左旋转，左脚蹬地，劲路贯穿直达右肘，形成一个整体螺旋劲，使之跌出。除用肘尖外，也可用前臂贴住对方手肘滚动使用，更是妙“肘”生花。

“肘在屈使”，用肘劲击打时，须把肘关节屈成直角或锐角，但上臂和前臂不可夹得太紧，握拳宜松，劲贯注于肘尖或前臂。肘劲发力其根在脚，发于腿，主宰腰，催于肩，形于肘，完整一气，先引后发，松活弹抖，忌硬上强打，横来直去。练习肘劲时，应使用上臂近肘的部位先软接触，后再发力，以免伤人。

习练肘劲，可以陈式太极拳老架一路、陈式太极拳老架二路为基础，然后再取腰拦肘、顺拦肘、上挑肘等拳架进行精耕细作，就能达到“肘”不及防的效果。

八、靠

拳谚云：“远拳、近肘、贴身靠。”靠，如大树倾倒，靠于物上，具有靠墙墙倒、靠房房塌之险，但在实战中要的就是这种险的效果，达到靠之即倒。太极拳技击之靠，是以身体结构部位去击人的胸部或腋下，较肘更甚。在上者为肩靠，在下者为膝靠，迎面者为迎门靠，转身者为背折靠，身击者为身靠等。用之时，己身必须中正，虚灵顶劲，肩与胯合，脚跟发劲，用左脚的蹬劲直达右肩尖，去撞击对方胸部。但靠时须防护好自己的面部及靠侧的手臂，避免对方袭击面部或手臂。如图2.1.8所示。

图2.1.8　靠

靠的诀窍主要是在接触一瞬间的螺旋力。如迎门靠，在双手缠绕的旋转中，要巧妙地变换手法。两手虎口卡住对方双手腕往下按，继而向两侧分开，在两手分开的同时，重心迅速后移，随即一腿前插，接着以肩侧向对方胸前靠击。在技击中如果主动用靠，也常和“捋、采”结合，这就是“靠前有一捋”或“采后有一靠”的经验之谈。

习练靠劲，可以两人对练，也可以从陈式太极拳老架一路、陈式太极拳老架二路中挑选与靠有关的拳势单练，如十字脚、闪通背、野马分鬃等拳架，就能达到以靠击人的效果。

第二节　换花推手训练法

经常进行太极拳技击训练，可以锻炼人体反应能力，提高身体灵敏、速度、力量、柔韧等素质。在训练中，运用太极拳的劲力、技法，遵循太极拳的原则，综合运用太极拳的各种身法、步法和招式，是太极拳技击能力和劲力感悟性的重要手段。

太极拳技击的技巧与功力训练的方法，一般是采用太极推手。太极推手是检验和修正拳架的标准，是获得太极拳技击技术的主要手段。在对练中，要以练周身的触觉感知等身体的机能为主，要遵循以静制动、以柔克刚的原则，准确使用粘连黏随、找好重心保稳定、上虚下实中间活、动作转换应自如的基本技巧，做到循序渐进、静心慢练，最终达到神明之境。

一、平圆单手挽花

（一）一般规定

（1）站距。甲乙两人（甲白乙黑，本章同）相对而立，双手掌前伸相接触（也可以两人手相握）为推手站立的距离，如图2.2.1所示。

图2.2.1 站距

（2）上步。甲乙身体微左拧，使左脚尖外摆45度，然后上步于两人中间位置。如果甲出右脚上步，乙出左脚上步，称为顺步；如果甲出右脚上步，乙也出右脚上步，则称为合步。出脚后甲乙的脚尖应分别与对方的脚跟齐，两脚横距为15厘米，呈前弓步。在陈式太极拳挽花和定步推手训练时，多为合步。

图2.2.2 搭手

（3）搭手要求。甲乙双方将右臂向前掤出，互以腕部内侧（尺骨侧）相搭，手背相对，立于鼻前正中线上，双方小臂相交成90度。五指自然松开，虎口圆撑，左手臂自然垂于身体左胯处，也可按于左腰间，如图2.2.2所示。

太极拳推手隐含太极之理，所以动作安排上也就以理而定。上述的搭手，就好比是一个太极图中的S线，两人相距的内部空间就是一个圆。两人在推手过程中，一顺一背，相互转换，你中有我，我中有你；阴中有阳，阳中有阴；阴不离阳，阳不离阴；虚中有实，实中有虚，形成了一个明晰的动态太极图。

（二）训练方法

（1）乙逆时针旋转手腕，甲重心前移，右手挤着乙手臂向前运行至乙胸前中线一拳距，乙身体后坐，手腕掤着甲手臂，如图2.2.3所示。

（2）乙松胯体右拧，逆时针方向旋转手腕，按着甲手臂向右，甲以捋化开，如图2.2.4所示。

图2.2.3　掤挤

图2.2.4　翻腕捋按

（3）甲顺时针旋转手腕，乙重心前移，右手挤着甲手臂向前运行至甲胸前一拳距，甲重心后移，手腕掤起乙手臂，如图2.2.5所示。

（4）甲松胯拧腰，手腕做逆时针方向旋转，按着乙手臂向右，乙用捋化开，如图2.2.6所示。

图2.2.5　翻腕

图2.2.6　翻腕捋按

（5）重复上述（1）～（4）动作，使掤、捋、挤、按所做的平圆为一个椭圆形轨迹。

（三）习练要点

（1）两手搭接后，要形成粘连，运行时要形成黏随。所谓粘，就如胶水粘住一般，不能脱开，使对方引进落空，达到以柔制刚的目的。所谓连，就是如搭接处有一同心轴，连着两手能旋动自如。此连劲即以退作进之法。进则要有粘，退则要有连，这样就可得屈、伸、动、静之妙，开、合、升、降之效。所谓黏，黏为合也，不丢不顶，彼进我退，彼退我进，彼浮我随，彼沉我松，丢之不开，投之不脱，它可在太极拳技击中化解掤、捋、挤、按等进攻手法。随，即顺从、跟随之意，缓急相随，不即不离，进退相依，不先不后，舍己从人。

（2）当一方开始向另一方掤挤时，一方的手臂是立的，另一方的肘是平的，这样另一方转换捋按就比较自然。

（3）当一方开始向另一方挤按时，重心前移，另一方重心后移，来回掤、挤、捋、按一周后为一个循环。

（4）在习练挽花时，要以腰为轴，上身应保持中正，下肢要屈膝、松胯、圆裆。

（5）在做掤劲时，手臂要圆撑，不能为扁臂之状。并且由掤劲转化为捋劲时，在稳定重心的情况下，拧腰、松胯、翻腕要协调一致，同时完成。

二、立圆单手挽花

（一）一般规定

两人站距、上步、搭手方法与平圆单手挽花相同，这里就不再详细介绍。

（二）训练方法

（1）甲乙两手前掤搭接后，甲向前挤向乙头部，乙重心后移，如图2.2.7所示。

（2）乙松胯向右拧腰，翻腕向下捋化开，然后挤按着甲手臂向裆部运行，如图2.2.8所示。

图2.2.7　前挤

图2.2.8　翻腕

（3）甲松胯向右拧腰，身体重心后移成坐步，并捋着乙向右下化开，如图2.2.9所示。

（4）甲身体微左拧，掤起乙手臂由下向上，如图2.2.10所示。

（5）重复上述（1）～（4）动作，使掤、捋、挤、按所做立圆为一个椭圆形轨迹。

图2.2.9　引化

图2.2.10　掤起

（三）习练要点

（1）在习练立圆挽花时，要注意上不出头顶，下不低于裆部。因为向上是击对方的头部，向下是击对方的裆部。

（2）向上掤时，身体不能上浮，向下按时，要注意鼻尖、膝尖、脚尖三对照，并且上掤时重心不能向前。

（3）搭手运转时，两手一定要形成粘连黏随的劲，不丢不顶，不分不离。

（4）双方在习练时一定要注意对方用劲的大小、方向、力的变换，达到听劲、施行懂劲。

（5）在运行挤按劲时是攻劲，运行掤捋劲时为化劲，所以要分清攻防之劲，然后再灵活运用。

（6）在转换劲时，手腕翻转须灵活，但两腕不分离。

三、双手挽花

双手挽花推手，有多种训练方法，它们既有共性，也具有明显的个性。为方便读者的需要，这里介绍两种双手挽花的训练方法。

（一）内合外分

这种挽花是乙将甲手臂掤起，然后采用按劲再将甲手臂下压至胸部，而甲却采用捋劲将乙手臂向外，将按劲化开。

1.一般规定　双方站距、上步、脚间横距与单手挽花规定相同。搭手时，一方手臂在里，一方手臂在外，但应有一人领劲。腕部相搭位置同单手挽花，如图2.2.11所示。

2.训练方法

（1）两手臂相接掤住后，手臂在外的乙，应用按劲将手臂在内的甲的手臂下压至胸部相合，下按时乙身体重心后移，甲重心前移，如图2.2.12所示。

（2）乙按着甲的手臂向下至胸前，甲顺着乙的按劲向外捋，并移到乙手臂上边，如图2.2.13所示。

（3）乙翻腕向上掤起甲的手臂，这时甲重心前移，乙重心后移，如图2.2.14所示。

（4）乙再钳起甲的手臂并合于头部，然后重复（2）～（3）的动作进行。

图2.2.11 搭手

图2.2.12 下按里合

图2.2.13 外分

图2.2.14 上掤

3.习练要点

（1）乙向上掤起甲手臂时，由手心向下逐渐翻腕将手心朝上，而甲的手心朝下。当乙将甲手臂掤起到头部时，甲翻腕，手心向上。乙向下按压甲的手臂时，手心向下。

（2）手臂掤起内合时，身体稍向左拧，手臂外捋分臂时，身体稍向右拧。

（3）在运作时，只有重心的前后移动，脚尖不要抬起下落。

（4）做此动作时，在腰劲的带动下，两方手臂相互缠绕，连绵不断，粘而不散，快慢相间，里迎外合，随机应变。

（二）肩靠法

此法是一方采用里合下按，然后另一方用捋化劲，再用肩靠、挤劲进行的循环习练方法，是陈照森老师独创之法。

1.一般规定 双方站位、上步、搭手方法同单手挽花。

2.训练方法

（1）双方搭手后，乙（手臂在外）翻腕向里挤压甲手臂并下按至腹部，如图2.2.15、图2.2.16所示。

图2.2.15 里合

图2.2.16 下按

（2）甲翻腕，带着乙手臂外捋化劲，身体左拧，并用右肩去靠乙胸部，如图2.2.17、图2.2.18所示。

（3）当甲用靠时，乙转腕，将甲双臂掤起，如图2.2.19所示。

图2.2.17 翻腕

图2.2.18 外捋

（4）重复上述（1）~（3）动作。

3.习练要点

（1）乙里合下按时重心前移，甲应松胯下随。

（2）外捋化劲时，双方身体稍向左拧。掤臂内合时，身体再向右拧。

（3）掤臂内合的高度一般不要超过头部，下按应到腹部。

图2.2.19 掤起

（4）在任何情况下，身体不要前俯后仰，保持重心稳定。

第三节 合步推手训练法

合步推手训练，是太极拳推手的主导性训练方法，也是技击实战中常用的一种技法。在此推手技法中，掤、捋、挤、按四种劲别得到了全面的应用。双方在反复的循环训练中，不但手臂来回交叉而动，听劲也在动，所以就产生了粘连不散、黏随不断的手臂转换，并体现了手不离肘、肘不离手的推手技巧。在这种手法中，可用掤捋化去对方挤按之劲，保持自身重心稳定，在推揉之中，增强自己的感知和反应灵感。

一、同上左步

（一）一般规定

（1）站距。甲乙双方相对而立，同时伸出双臂，以手指尖相接时为推手站距。

（2）上步。因为本身就是合步推手，所以双方上步应一致。本例是同上左步。两脚基本平行，脚心相对，脚与脚间横距为15～20厘米。甲乙均为虚步站立，重心稍偏于右脚。

（3）搭手。双方左臂前掤，两手腕相接。甲左手按着乙右肘外侧，乙左手按着甲右肘外侧，如图2.3.1所示。

（二）训练方法

（1）训练开始时，甲重心前移，身体微左拧，右臂用挤劲推着乙手臂走下弧线，左手向上掤于乙左臂下，右手在乙的身体右侧按着乙手腕，如图2.3.2所示。

图2.3.1　搭手

图2.3.2　掤挤

（2）甲掤着乙的右手和左肘前挤，乙重心后移，身体微左拧，右手接住甲右手上捋，左手掤住甲的右肘，如图2.3.3所示。

（3）乙用按劲按甲时，身体微右拧，重心前移，甲身体左拧，身体后坐，并以掤劲上捋，将乙按劲引空，如图2.3.4所示。

（4）重复以上动作。

图2.3.3 接手

图2.3.4 引化

（三）习练要点

（1）习练中，注意粘连黏随，做到不散、不丢、不顶。

（2）重心变换时，身体不要晃动。

（3）去按对方手腕时，用劲要均匀，动作要流畅。

（4）采用按劲时，不要脱离中线。

二、同上右步

（一）一般规定

（1）站距。甲乙双方相对而立，以两人手掌相接时为推手站距。

（2）上步。甲乙双方向左转体45度，左脚尖外摆45度。同时上右步，两脚基本平行，脚心相对，脚与脚间横距为15～20厘米。甲乙均为虚步站立，重心稍偏于左脚。

（3）搭手。甲乙双方右臂伸出相掤住，两手腕相接。双方左手均按住对方的右肘外侧，如图2.3.5所示。

（二）训练方法

（1）双方搭手后，乙身体稍右拧，将甲腕向身体右侧外捋。甲身体稍左拧，并翻转手腕向上，如图2.3.6所示。

图2.3.5　搭手

图2.3.6　翻腕

（2）当乙外捋时，甲左手从胸前右移去搭接乙左手，然后重心前移，右臂用挤劲向下至腹部，乙身体后坐，如图2.3.7所示。

（3）乙重心前移，身体微右拧，翻腕下按甲右臂，甲左手上掤，如图2.3.8所示。

图2.3.7　接手

图2.3.8　下按上掤

（4）甲松开右手，由下向上掤住乙左肘，乙右手按在甲左肘向甲挤去，如图2.3.9所示。

图2.3.9 乙挤

（5）上动不停，甲掤起外捋化劲，右手按在乙左肘外侧，乙右手松开甲左肘，并去接甲右手，如图2.3.10所示。

（6）乙身体向左拧转，右手掤住甲的右手，左手接住甲的右肘，甲重心前移，向前挤乙，同时也掤住乙的右肘，转回原位，如图2.3.11所示。

（7）重复上述动作。

图2.3.10 接手

图2.3.11 掤起

（三）习练要点

（1）双方搭手时一定要在中线位置上，手臂应自然。

（2）运行时要圆顺连绵，转换时应灵敏紧凑，相接时部位正确。

（3）拧体时重心稳定，不要左摇右晃。

第四节　顺步推手训练法

前面讲过，顺步者，就是甲乙双方在开始上步时一左一右，身体同在一个平面内。这种训练方法也称为一进一退式，它是在定位训练的基础上，加入了步法移动，使身法、手法、步法协调配合，拓宽了训练时的变化空间，加大了训练难度，模拟了实战的需要，使掤、捋、挤、按、采、挒、肘、靠，以及进、退、顾、盼、定的各项技法达到了充分的发挥。

一、一般规定

（1）站距。双方相对而立，并以伸出手指相触为推手站距。

（2）上步。甲上右腿，乙上左腿。乙的腿在甲右腿的外侧，并用脚顶在甲的脚后跟处。

（3）搭手。在双方上步的同时，甲右臂向前掤起，乙右手腕与甲右手腕相搭接，左手按在甲的右肘外侧，甲左手按于乙左手上，如图2.4.1所示。

图2.4.1　搭手

二、训练方法

（1）乙用挤劲去推按甲右臂，甲身体右拧，右手从下向右去按乙的左肘，乙向前挤着甲的左臂，如图2.4.2所示。

（2）乙向前挤时，甲向上掤起。这时，乙松开甲的左肘向右去按甲的右手，如图2.4.3所示。

图2.4.2　乙挤

图2.4.3　乙按

（3）甲重心前移，左手变按劲向下挤按乙左臂，如图2.4.4所示。乙重心后移，并松胯拧体，向身体左侧用捋劲引空甲，如图2.4.5所示。

图2.4.4　甲挤乙

图2.4.5　引空甲

（4）甲左手前伸按住乙右肘，重心前移，向前挤压乙，乙重心后移并向右拧体，捋着甲右臂将挤劲化去，如图2.4.6所示。

（5）乙松开甲右肘，去接甲左手，右臂翻转向上，如图2.4.7所示。

图2.4.6　乙化挤

图2.4.7　翻臂

（6）甲右臂逆缠，松右胯，身体向右拧，随即右腿向后退一步，乙提右腿相随上步于甲左腿前侧，这时甲右手与乙右臂相搭，左手在乙右肘处，如图2.4.8所示。

（7）乙重心前移并向前挤压甲，甲下按前推，乙左手掤起甲左臂，右手按在甲左肘处，如图2.4.9所示。

图2.4.8　甲攻乙

图2.4.9　乙化甲

（8）甲身体右拧，右手松开乙左肘，并从身体里侧上移至左手臂按住乙右手，左臂顺缠向左，并掤住乙右臂右捋，如图2.4.10所示。

（9）乙重心前移，松胯体左拧，并推挤甲，甲掤起乙右臂向前推，随即上右步，乙顺其势退右步复原，如图2.4.11所示。

（10）按上述训练方法反复进行。

图2.4.10 甲捋

图2.4.11 前推后退

三、习练要点

（1）在此练法中，一进一退为一个循环；甲乙双方一左一右要平衡圆转，不得间断脱节。

（2）劲路转换时，应注意重心的变换，松肩沉肘，松胯转腰，进退步法灵活、敏捷。

第五节 大捋推手训练法

陈长兴讲：“培其根则枝叶自茂，润其源则流脉自长。”大捋推手法就是培根润源的方法。所谓捋，就是顺着对方前进的方向而向自身左或右用力引带的斜线运动。捋是掤的反面，是一种常用的化劲，目的在于使对方进击或还击落空，并使对方身体向我身体的左方或右方倾斜，乘其不稳而加力于对方身体上。

大捋推手法是在顺步推手的基础上进行的一种一进一退低姿位的推手方法。在推手时，先按顺步推手的训练要领进行几个循环后，双方身体运动的幅度增大，并把身法降低，步法拉大，尽量使下沉腿的腿肚接近地面，以锻炼身体下盘的稳固和习练腿功劲力。

推手时，手法以太极的掤、捋、挤、按为主攻手段，掤和捋主防守兼进攻，挤和按主进攻兼防守。

一、训练方法

（1）甲乙双方相对而立，按顺步推手的训练方法进行推手。当循环至乙重心前移，双手按住甲右手和右肘关节处向左下挤按，如图2.5.1所示。

（2）甲乙双方身法下沉，均变为右弓步，左腿尽量贴地。甲重心前移，其右手接乙右手，左手按乙右肘，向右捋引化，如图2.5.2所示。

（3）乙身体稍右拧，右臂顺缠使掌心向上，如图2.5.3所示。

图2.5.1　挤按

图2.5.2　身法下沉

图2.5.3　顺缠翻掌

（4）这时，甲用双手对乙右臂施按劲，乙右臂顺势向右下捋化。甲见状，重心前移，左手接住乙的左腕，乙右手按住甲的左肘，如图2.5.4所示。

图2.5.4　向右捋化

（5）乙重心后移，同时右手接住甲右腕，左手按住其右肘前挤下按，如图2.5.5所示。

（6）甲顺乙下按之势，左臂向左下引化，同时右手去接乙的右手，乙这时左手推着甲的右肘向前推挤，如图2.5.6所示。

图2.5.5　按肘

图2.5.6　推肘

（7）甲重心后移，向右下引化乙按劲，如图2.5.7所示，完成一个循环。

（8）甲重心前移，身法上领，体左转，右腿提起上步，并且双手合住劲按着乙右手右肘，乙这时身体右转，提右腿向后撤步，如图2.5.8所示。

（9）甲乙双方以顺步推手做一循环后，双方身法下沉，在背向的情况下，按照前边正面的推手方法进行掤、捋、挤、按的较量，如

图2.5.9所示。

（10）在背向完成一个推手循环后，再做下一轮的大捋推手动作。

图2.5.7　化劲

图2.5.8　乙后撤

图2.5.9　背向推手

二、习练要点

（1）在习练中，要注意顺着对方的来劲而动，只要稍微改变一下方向即可。

（2）一定要注意控制住对方的腕肘，以防止对方因受捋劲而用肩胯反击。

（3）要拧腰松胯、含胸拔背，不要僵滞。

（4）要牢记“肘不贴肋”，在把对方捋到自己身体的左侧或右侧时，手必须掤住对方的来劲，自己的手臂勿贴着自己的身体，使自己的手臂留有回旋的余地。同时肘尖不可移向身后，以免被动。

（5）进攻或引化时都须沉肘，不论肘尖距身体远近，都应该使肘尖对向肋骨，而不应离开肋骨部位。

（6）捋时要逐渐转移重心，使其偏重于后腿，步法也须和掤、捋的手法一样，使之“上下相随”，动向一致。这样可使步稳而灵活，又能运用腰胯和手臂的旋转来变换角度，造成我顺而人背之势，以利于还击。

第六节 花脚步推手训练法

拳论讲：“步是周身之枢纽，灵与不灵在于步，活与不活在于步。”可见“步”在太极拳推手中的重要性。在此情况下，一种训练步法的推手法就应运而生。这种方法在陈家沟叫作“花脚步”，有的也称为“乱踩花”或“活步推手”。

花脚步推手法，也是在顺步推手的基础上，二人推过三四个回合之后，彼此都变了方法。或用垫步，或用插步，或用进步，或用退步，或用横步，或用跃步，不定方向，舍己从人，随机应变，灵活运用，缠绕对方。训练中，彼此两手套在一起，步子或大或小、或快或慢、或定或转，总归上下一致，内外一家，随力而走，或用掤、捋、挤、按，或用采、挒、肘、靠，乘虚而入，乘空而击。甲攻乙时，乙用滑空之法将甲的来劲引空；乙攻甲时，甲用四两之力将乙的来劲化去。攻防互换、互不相让，你来我往，处处主动，时时顺畅。花脚步推手训练法是步法训练和整体身法训练的一种有效方法。

一、训练方法

在训练时，必须强化对顺步推手的训练，达到滚瓜烂熟的程度，才能进行花脚步推手的训练。在这里，读者可根据本书的花脚步配套视频模仿训练，并结合以下内容领会贯通。

（1）待把顺步推手的动作做过一至二个循环后，甲推按乙向前移步，如图2.6.1所示。

（2）两人在来回换步和相互缠绕的情况下，彼此两手缠在一起向前换步化劲，如图2.6.2所示。

图2.6.1　前推乙

图2.6.2　互缠上步

（3）乙将甲来劲化去后，将甲手臂掤起，甲换挤劲推按乙，如图2.6.3所示。

（4）乙向右转身，甲随乙转身调身体于乙右侧，并挤按乙右臂，如图2.6.4所示。

（5）乙抽出左手去按甲右肘，甲采住乙右小臂改为捋劲，如图2.6.5所示。

（6）乙变防为攻，左手按甲右肘，右手按甲左臂用挤劲向前，

图2.6.3 推按乙

图2.6.4 挤按乙

图2.6.5 采改捋

图2.6.6 推挤甲

如图2.6.6所示。

（7）甲采用右转身，将乙挤劲化空，乙左手按于甲右臂，甲前移化劲，如图2.6.7所示。

（8）在做几个回合后，可以改为大身法，做进三退三、进五退五等。但是在向前进步时，两人手不能分离，一定要粘在一起，然后一齐起脚上步，如图2.6.8所示。

图2.6.7 甲化劲

图2.6.8 大身法

二、习练要点

（1）训练时，甲乙双方应相互配合，在进与退中，要达到步法一致，不能有乱步和脱手动作。

（2）此种推法，更是训练听劲、加强粘连黏随的主要方法，所以训练中要思想集中，意念明朗。

（3）推手时，身法要正，松胯转腰，转关迅速，上下一致，以活为主。

第三章

陈式太极拳的拿法

所谓拿法，就是用手拿住对方臂、肘、腕、指关节处，使之进入死角，不能转动关节，造成筋断骨折而被制服。陈式太极拳的拿法，是建立在“凡拿必打，欲打先拿”原则之上的技击法。所以，只要读者悟得其中奥妙，千变万化就能自然运用。

第一节　拿法概述

太极拳技击中，踢、打、摔、拿称为技击四法则。踢是指腿法，打是指上肢的手法，摔是指摔法，拿是指擒拿，也就是平常所说的“手到擒来”之法。

一、擒拿力学原则

陈式太极拳在实战中的拿法是技击的一项技术，是制胜的法宝之一。陈式太极拳的拿法，是结合人体生理结构，运用杠杆离心力、螺旋力等力学原理，通过刁、拿、锁、扣、扳、点、缠、切等手法制服对方。

（一）杠杆定律

古希腊科学家阿基米德有这样一句流传千古的名言：“给我一个支点，我就能撬起整个地球！”这句名言说的就是杠杆作用。

在拿法中，杠杆定律的应用普遍存在。在运用时，多以臂骨为杠杆，结合扳、撇、扛、压、撑等招法，以克制对方上肢的指、腕、肘、肩关节或下肢的胯、膝关节。杠杆技击有两种形式：一种是施拿者可用己之臂作杠杆，用以重压、上撑对方的一条胳膊而制服对手；另一种是以对方的一条胳膊作杠杆，别住另一胳膊，形成一动双制，增加其拿的威力。

如拿肘之法，就是巧用杠杆之理。它是先引诱对方胳膊伸直变硬，形成杠杆的前提条件，再按照人体的生理规律，把支点放在对方的肘尖部位上，人体为阻力，被拿手腕为动力，上下错合用力，迫使乙疼痛至背而被击倒。对于肘尖的支点，根据所拿的方法，可为下压，可为上撑，灵活应用。

这种杠杆原理的应用，涉及拿指、拿腕、拿肩的各个拿法，具有“四两拨千斤”之效。

（二）离心力或向心力

陈式太极拳中，缠丝是其明显的特征。在顺缠和逆缠之中，就产生了离心力和向心力。因顺缠是小指领劲的划弧运动，所以根据手的走向，就是离心之缠；逆缠是大拇指领劲，它的运动方向是从外向内，所以为向心之缠。

陈式太极拳拿法皆是遵陈式太极拳缠丝之理，没有直线，没有平面，没有断续处，没有凸凹处，没有抽扯之形，没有提拔之意，浑然一圆。这种圆的运转，就会产生离心力和向心力，以促使每招每式动作的圆满。

拿法应用时，一是以手和腕的内外旋转带动肘肩关节，呈螺旋形缠绕对方的上肢或下肢，以克制对方肩、肘、腕三大关节，控制其全臂，以制服其身。二是在拿住对方指、腕关节后，以腰为轴，进行左右的旋转，或者借助大幅度的旋转动作，旋拧对方的指、腕关节，使其身体重心与关节相分离，从而重挫其关节。

二、擒拿技艺法则

在交手接势时，应注重轻灵黏随，以粘连为主，运用招法。首先要运用擒拿术所特有的手型手法，准确地抓拿住对方肢体关节的一定方位，切不可胡抓乱拿。如一个腕关节就有正面、背面和桡骨尺骨两侧共四个方位，还有偏上、偏下各部位，而每一个方位都有不同的拿法、招式及变化。因此，只有抓拿得法，才能巧施妙招，发挥擒拿术的威力。

再者，从练拳学艺的角度讲，必须先将陈式太极拳各套路练精明理，并对每招每式的技击含义了如指掌，太极八法皆能灵活运用，达到“熟能生巧，巧能生妙，妙能生神”的境界，才能运用擒拿之法，达到一招制敌的目的。

最后，在技击擒拿时，要将“踢、打、摔、拿”各技之长联合共用，把握战机，巧施妙法，灵活运用。宜拿则拿，该打则打，可摔则摔，拿中含打，打中带拿。随机就势，因势应招，必能轻巧敏捷地制敌于一瞬间。

第二节 人体的生理结构

未讲技击拿法，怎么先讲人体的生理结构？这是因为在太极拳拿法中，就是要运用拿法技术，轻松地去破坏对手正常的生理结构，使对手的生理失调、器官功能丧失、关节活动幅度超极限、神经传导中断、气血运行受阻，从而达到制服对手的目的。同时还要保护好自己，以防受到对手的攻击。

人体是一部精密复杂的机器，每个部位都有其特殊的构造、形状和功能，每个部位都和整体息息相关。但是人的生理结构是固定的，生理功能是特有的，生理运动是有一定规律的。认识生理结构的特点和规律，可以为技击打下良好的基础。

一、人体的要害部位

技击实战中，最为重要的就是一击必中，一击必杀。了解人体的生理结构，掌握攻击的要害部位，可以正确理解技术动作，充分发挥动作威力。但在习练打击这些要害部位时，动作必须轻巧，切记不可伤及对方。

（一）下颌关节

下颌关节由下颌关节突与下颌关节窝连接构成。下颌关节可做开口、闭口及咀嚼等动作。由于下颌关节韧带松弛，若张口瞬时由侧面击打，可使下颌关节脱位或韧带撕裂。如图3.2.1所示。

（二）颈部关节

颈椎是人体脊柱的一部分，由七块椎骨构成，每块椎骨都有孔，互相形成椎管，管内有脊髓通过。骨髓是中枢神经的一部分，与大脑直接连接。颈椎虽有大的活动角度，但如用暴力打击、猛烈扳拧、旋转颈等，都可引起椎脱或骨折，损伤累及脊髓或动静脉，导致中枢神经、大脑神经失调，丧失活动能力。如图3.2.2所示。

图3.2.1 击颌

图3.2.2 击颈

（三）肩关节

肩关节由肱骨头和肩胛骨凹陷的关节盂构成，有三个运动轴能够前屈、后伸、内收、外展、旋内旋外和绕环，是人体运动中活动范围最大的关节。但由于肩关节盂浅，关节囊松弛，牢固性差，如用力将其左右拧旋或向后扳伸、前挫，最容易脱臼，或者使肌肉、韧带撕裂。如图3.2.3所示。

图3.2.3　拧肩

（四）肘关节

肘关节是肱尺关节和肱桡关节组成的复合关节，可做屈伸、旋转运动，但活动范围较小。因为它由尺骨与桡骨侧端构成，只能前屈和伸直。肘关节内侧有侧副韧带，外侧有环状韧带，附近有一些重要的血管、神经，因此肘关节最怕在完全伸直的情况下对肘尖部位施加暴力击打，轻则脱臼，重则骨折、血管神经损伤，影响或丧失前臂、手部功能。如图3.2.4所示。

图3.2.4　击肘

（五）腕关节

腕关节由桡骨远侧端的腕关节面和腕骨的近侧端构成，运动幅度较大，可屈伸、内收外展及环转运动。但由于构成关节的骨细小复杂，附着的肌肉弱、韧带坚固性差，并且与之相连的尺骨、桡骨会因内旋、外旋而交叉重叠影响腕部动作。因此，用力使腕向任何一个方向扳拧、扭折，容易导致脱臼并引起骨折和韧带撕裂等损伤。如图3.2.5所示。

图3.2.5 击腕

（六）指关节

指关节是指骨之间的关节，除拇指为两节外，其余各指均由三节短小的指骨连接而成，它仅能弯曲和伸直，活动范围较小，易于前屈。如果使其伸直再用力向后扳或向后侧拧动，很容易造成脱臼或骨折。如图3.2.6所示。

图3.2.6 击指

（七）膝关节

膝关节是人体下肢最重要的关节，属于滑车球状关节，能做屈伸运动和屈位较小幅度的旋内、旋外，也是人体最复杂的关节。关节两侧分别有胫侧副韧带和腓侧副韧带，关节囊内两关节间有半月板和交叉韧带。该关节在伸直状态支撑体重时，最忌施用暴力击打两侧和前部，这样可使韧带、肌腱、半月板、膝关节造成裂、伤、脱位。如图3.2.7所示。

图3.2.7　击膝

（八）踝关节

踝关节由胫骨、腓骨端和距骨滑车构成。踝关节两侧附着韧带，内踝高只盖住距骨三分之一，外踝较高，完全覆盖距骨的外侧面，外侧面韧带薄弱。该关节活动范围较小，能做足背屈、足跖屈和内翻、外翻，如用力将足左右扳拧或扭转时，会使踝关节脱臼及韧带撕裂。如图3.2.8所示。

图3.2.8　拧踝

二、反关节

人体关节是骨与骨的间接连接，是人体骨骼结构及运动的枢纽。肌肉的收缩或舒张可使骨与骨的相对位置发生改变，从而实现人体的各种运动。而关节的功能，只可顺动，不可逆转，其屈伸旋转幅度都有一定限度。技击术就是针对人体关节的这种特性，依据逆关节施制的技击原理，攻击肢体关节，并加以牵引控制，进而在相互破解演变之中，巧施妙法，迫使其关节及韧带受挫，产生剧烈疼痛感，从而丧失反抗能力而就擒。这就是技击术中对反关节的运用之理。

在技击中除利用反关节制人外，也可顺其关节旋转而继续施加力量，使其超出固有的活动范围，导致连接关节的肌肉舒张超过限度，造成撕裂或断伤，导致关节不能活动，从而实现技击的目的。

例如手臂，不论是左手臂还是右手臂，当手心朝上，均可由小指领劲由外向里做270度的旋转，如图3.2.9所示。但不能由里向外旋转。这样，我们在利用反关节时，就是要抓住对方手臂，由里向外加力，使对方重心改变而失去对抗，如图3.2.10所示。当顺其关节时，就是抓住手臂后由外向里加力，使其身体前俯，失去重心，如图3.2.11所示。

图3.2.9　手臂特性

图3.2.10　手臂反关节

图3.2.11　顺关节施力

第三节　拿手指法

手是人体结构最重要的部分，它在技击的对抗中，也是最前沿的第一道防线，是灵活多变的武器。所以在拳谚和拳论中对手的论述最多，如“手是两扇门，全凭腿踢人”“先下手为强”“手起足要落，足落手要起”等。这些均表明了手在技击中的应有功能和非凡作用。所以，与敌交手，拿其手，断其劲，是太极拳拿法中的首选。

一、拿大拇指

（一）握指前推

（1）甲从正面上左步用左手前推乙的胸部（甲为男方，乙为女方，下同），如图3.3.1所示。

图3.3. 1　抓胸

（2）乙见甲伸手抓胸，用右手裹住甲的大拇指，并向前领。然后右手突然向前，将甲大拇指向前推压，甲因拇指被拿而倒地，如图3.3.2、图3.3.3所示。

图3.3.2 裹指

图3.3.3 推压

这种技法，主要是去抓拿对方的拇指时，一定要快而准。在拿时，对方出左手，拿时要用右手，要从对方的拇指侧入手抓住，然后用自己的拇指上挑住对方的拇指，这样就比较准确。

（二）后抱拿指

（1）甲猛然地从乙背后，用双臂紧紧抱着乙的上身部位，甲左手在上与右手合搭，两手在乙的身前，如图3.3.4所示。

（2）乙迅速地用右手压紧甲的左手四指，并用左手的四指将甲左手的拇指握住立起向左扳压，如图3.3.5所示。

图3.3.4 后抱

图3.3.5 扣指按压

图3.3.6 转身甩体

（3）乙扳压甲拇指时，甲身体左㓮，乙顺势突然向左转身，甲向右跌出，如图3.3.6所示。

这种拿法是在双臂受制的情况下采用的拿法。甲搂抱后乙应看其两手的前后情况，如果是右手在上压左手，乙则应用右手压紧其前面的手，再用右手四指扳压另一手的拇指。转身时，应根据扳压拇指所在的方位转。

二、拿四指法

（一）下压法

（1）甲从正面上右步出右掌去推乙的胸部，如图3.3.7所示。

（2）在甲的手掌未到之际，乙迅速地用左右手抓握住甲的四指，如图3.3.8所示。

（3）同时乙的右腿后撤，重心后移，身法下沉，向

图3.3.7 出手

图3.3.8 抓四指

右下拉压甲右臂，甲向前趴地，如图3.3.9所示。

图3.3.9　沉身压指

采用这种拿法时，一是要握住对方关节的梢节，二是向下拉压时弧度要小，快摔时，采用切线形式向前直拉。

（二）顺缠拿指

（1）甲从正面用左手抓住乙的右手，如图3.3.10所示。

（2）乙手被拿后手向前推，同时顺缠翻腕向上抓住甲的四指，并把手贴近自己的重心处，如图3.3.11所示。

（3）这时，乙迅速向外旋臂，甲的身体向右斜出，如图3.3.12所示。

做此技法时，一是要同对方的手形成合手，也就是手心相对，握住时，拇指扣在食指上，其余四指握在小指侧。二是顺缠外旋时弧

图3.3.10　抓手

图3.3.11　顺缠拿指

图3.3.12　外旋甲臂

图3.3.13　合手

度要小、要快，让其跌出时，形成一个切线。

（三）逆缠拿指

（1）甲从正面出双手向前，乙迅速地以双手手心向上去迎甲的双手并合住握紧，如图3.3.13所示。

（2）乙迅速用双手逆缠内翻，向下挤压甲的双手手指，甲身体下蹲，如图3.3.14所示。

（3）当甲下蹲后，再顺缠翻腕上推，甲的手指被拿，如图3.3.15所示。

图3.3.14　内翻压指

图3.3.15　翻腕上推

三、拿全指

（1）甲从正面上右步出右手向乙的胸部推去，如图3.3.16所示。

（2）当甲的手掌未到之时，乙用右手坐腕迎击，同时，将自己的手指插入甲的手指间隔中，如图3.3.17所示。

图3.3.16 出手

图3.3.17 相迎插指

（3）同时松肩沉肘，顺缠转臂，甲被拿，如图3.3.18所示。

运用这种技法时，乙一定要迎掌先击，给对方一个错觉，然后插指要快，手旋的弧度要小。

图3.3.18 顺缠转臂

第四节　拿手腕法

手腕，是人体连接手掌和前手臂的部位。从人体结构功能上讲，腕关节活动范围大，应用最多，着力最大，因此可以说，手腕是手活动的枢纽，具有腕活手灵之效。而太极拳技击之法，实际就是“耍手腕”。如将手腕拿死，则一切俱死，何谈技击。

一、卷腕

（1）甲从正面上右步出右掌向乙胸部推来，如图3.4.1所示。

（2）乙迅速地用双手扣住对方手腕，如图3.4.2所示。

图3.4.1　出手

图3.4.2　扣腕

（3）扣腕后，迅速地向下推挤甲的手掌，使其腕关节被拿，如图3.4.3所示。

在此拿法中，两个拇指要扣住甲的中指和无名指间，两个中指扣在甲掌背指关节中间部位，两个小指要卡住甲手指与手掌的连接处。

图3.4.3　推挤手腕

二、压腕

（一）顺缠压腕

（1）甲从正面出右手抓住乙的右手腕，如图3.4.4所示。

（2）乙从容地用左手掌扣压住甲的食指、中指、无名指和小指，再用四指甲的腕尖掐入甲的腕根的部位，如图3.4.5所示。

图3.4.4　抓腕

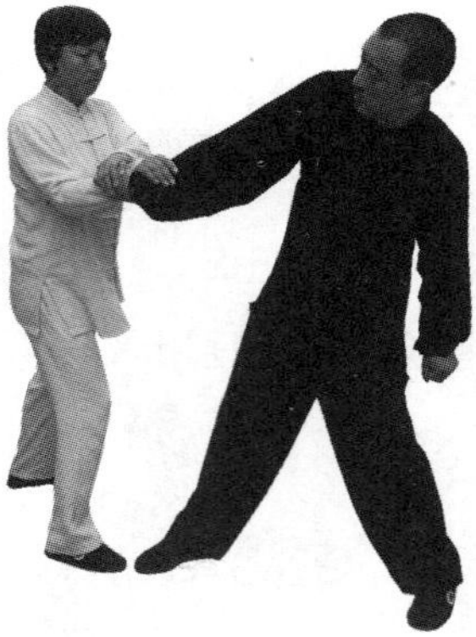

图3.4.5　左手扣压

（3）扣压后，迅速带着对方的手向怀内带，再突然地由下向上顺缠翻腕，使甲的手腕处于受压状态被制服，如图3.4.6所示。

图3.4.6　顺缠压腕

这种拿法最适用于双方对立时的异侧方向的手。也就是甲出右手，乙也是出右手。对方出左手时，另一方也出左手相拿。这种拿法，一定要用另一手按压掐紧对方的手。如果是同一侧位时，则应按逆缠压腕进行。

（二）逆缠压腕

（1）甲从正面用左手抓住乙的右手，如图3.4.7所示。

（2）乙迅速地用左手按压住甲的左手指，同时手向胸前回收，如图3.4.8所示。

（3）在回收的同时，右掌顺缠握指按于甲的手臂上，并迅速地逆缠向下翻转压腕，甲被制服下蹲，如图3.4.9所示。

图3.4.7　抓手

图3.4.8　按压

图3.4.9　逆缠压腕

第五节　拿肘法

肘关节是由三个关节共同包裹在一个关节囊内组成的复合性关节，可做前屈、后伸、旋前、旋后运动。在太极拳技击中，肘也是太极八法中的主要一法。但是，由于肘关节结构的特异性，运用时发的是贴身寸劲，所以拳谚就有“宁挨十拳，不挨一肘”之说。在技击实战时，为了“不挨一肘”之危，就要将对方的肘拿下。

一、折臂支肘

（1）甲从正面上前，用右摆拳向乙的左侧头部袭来，如图3.5.1所示。

（2）乙迅速用左臂格挡住甲的右臂，然后迅速上右步，身体左转90度，左手顺势采住甲的右腕，右臂从甲的右臂肘关节下穿过，如图3.5.2所示。

图3.5.1 出击

图3.5.2 采腕插臂

（3）乙右脚蹬地，重心前移，右臂作为支点架着甲的右肘，左手向前使甲的前臂折起，并迅速向下按压，甲被制服失去反抗力，如图3.5.3所示。

习练此种技法时，速度要快，采拿要准，折臂的角度要大于90度。如果对方身体倾斜下倒时，一定要把手松开，否则甲右臂就会脱臼。

图3.5.3 折臂下按

二、折臂压肘

图3.5.4 格挡

（1）甲从正面上右步，出右拳向乙的面部击来，乙用右手格挡，如图3.5.4所示。

（2）乙的身体稍向右拧，让过甲的拳锋，同时出右手采住甲的右腕，左手迅速搭在甲的右肘关节处，如图3.5.5所示。

（3）乙的身体迅速左拧，同时左手下压甲的肘部，右手将其右前臂向上折起，并向甲的右肩外挤按，甲被拿倒地，如图3.5.6所示。

图3.5.5 采腕搭臂

图3.5.6 折臂压肘

第六节 拿肩法

肩关节由肩胛骨的关节盂与肱骨头组成，它是人体运动范围最大而又最灵活的关节，但它是全身大关节中结构最不稳固的关节。在太极拳的招式中，拿肩之法，就是控制大臂中的肱骨，使之不能在肩胛骨的关节盂中自由活动，从而使整个手臂功能消失。

一、压臂拿肩

（1）甲从正面上左步，出左拳向乙击来，乙的身体左拧，让过拳锋，迅速用左手采住甲的左腕，如图3.6.1所示。

图3.6.1 采腕

（2）同时，乙的右臂按住甲的左臂肱骨的根部，右腿上步于甲左腿前，如图3.6.2所示。

（3）甲欲后撤之时，乙的左手顺缠扭其左腕，右手向下挤压其大臂上部，甲失去反抗被制服，如图3.6.3所示。

图3.6.2 按住肱骨

图3.6.3 扭腕压臂

二、裹臂拿肩

（1）甲从正面上左步，出左拳攻击乙的面部，乙的身体左拧，让过拳锋，迅速准确地用右手拿住甲的左手腕，如图3.6.4所示。

（2）同时，乙上左步于甲的左腿内侧，身体右转，右手逆缠拧转，左臂从甲的左臂下穿过，裹住甲的大臂，如图3.6.5所示。

（3）裹臂的同时，身体左拧，左臂在甲的肘弯处成为支点，左手按在甲肩后背上，右手将其小臂折起下按，甲被拿趴地，如图3.6.6所示。

这一拿法，一是要有速度，二是拿腕要准确，三是要合成一个整劲。

图3.6.4 拿腕

图3.6.5 上步穿臂

图3.6.6 折臂下按

三、绞臂拿肩

（1）甲从正面上右步，出右拳向乙的面部袭击，乙迅速而准确地用左手拿住甲的右腕，如图3.6.7所示。

（2）乙的身体稍向右拧，左腿提起向前上步，并且左臂举起，从甲的右臂的内侧下插于其腋下，如图3.6.8所示。

（3）同时，身体右转，左臂屈起绞着甲的右臂向下按压，甲向前趴地，如图3.6.9所示。

图3.6.7　拿腕

图3.6.8　上步插臂

图3.6.9　绞臂下压

四、挪臂压肩

（1）甲从正面上左步，用左手抓住乙的右肩，如图3.6.10所示。

（2）乙迅速地用右手按紧甲的左手，并用左拳向甲的面部虚晃，造成进攻假象，如图3.6.11所示。

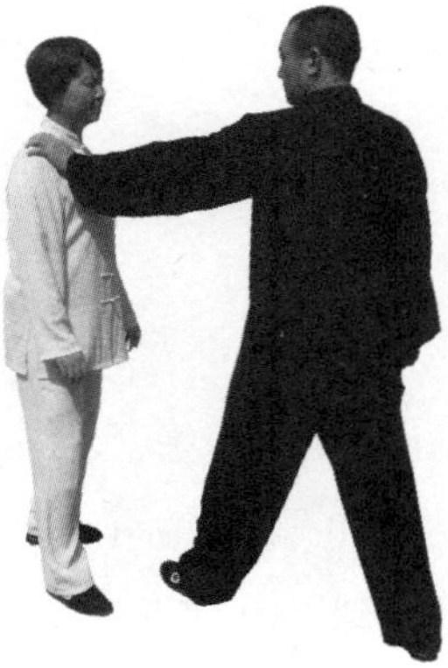

图3.6.10　抓肩

图3.6.11　按手晃拳

（3）然后迅速地将左臂由下而上地缠裹住甲的左臂，如图3.6.12所示。

（4）待甲欲抽臂之时，乙的身体向左旋转，左臂掤起甲的左臂，并用肘按压其肩膀处，右手改握住甲的手背向前推挤手腕，甲被制服，如图3.6.13所示。

图3.6.12　缠臂

图3.6.13　旋体挤腕

第七节　破拿腕法

世间任何事物都是相对的，而不是绝对的。擒拿也是如此，既然有擒拿，就会有破解擒拿的方法，这就是“以其人之道，还治其人之身”的反擒拿法。

一、进身攻肋

（1）甲突然用右手拿住乙的右手指向前推压，使乙的右手腕受制，乙的右腿提起，上步于甲右腿的外侧，如图3.7.1所示。

（2）乙顺甲之势身体左转，右臂顺缠到甲的右肋部，采用肘劲与肩靠之劲将甲发出，如图3.7.2所示。

图3.7.1　撅腕

图3.7.2　进身

二、顺缠反压

（1）甲突然从正面擒拿住乙的四个手指，导致乙的手腕不能转动，如图3.7.3所示。

（2）乙的右手肘尖利用腕关节和肩关节由上向下顺缠，使前臂压在甲的右小臂上，如图

图3.7.3　手腕被拿

3.7.4所示。

（3）乙逐步手心向上，反握着甲的大拇指向下压，甲在反关节的作用下身体向右侧倾斜倒地，如图3.7.5所示。

图3.7.4　顺缠转肘

图3.7.5　握指下压

三、金丝缠腕

（1）甲从正面上右腿，出右手拿住乙的右手腕，如图3.7.6所示。

（2）这时，乙用左手掤按住甲的右手，同时右手顺缠上掤，如图3.7.7所示。

（3）甲欲要抽手之际，乙身体右拧，左手劲不丢，右手领劲外缠甲腕，形成外捌反擒拿，如图3.7.8所示。

图3.7.6　抓腕

图3.7.7 掤按甲手

图3.7.8 拧体缠腕

四、顺缠翻压

（1）甲从乙的右侧面上左腿，用左手抓住乙的右腕，如图3.7.9所示。

（2）这时，乙将左腿上在甲裆前，左手从甲的左臂下穿过，扣压住甲的左肘关节处，如图3.7.10所示。

（3）同时，乙身体左拧，右手顺缠翻压甲的左腕，左手向内拉动甲的左肘，与顺缠形成一个相对的力，甲的左肘关节受捩被制服，如图3.7.11所示。

图3.7.9 抓腕

图3.7.10 上步穿臂

在这几种破拿腕法中，均是以灵活多变的步法、身法、手法达到控制攻击和防守的最佳距离、最佳位置，赢得攻击的最佳时间。并且，每个动作须将对方拿腕的手先固定，然后再通过手的顺逆缠和拧身达到制服对方的目的。

图3.7.11 顺缠翻压

第八节 破单手抓肩法

当肩被拿，也就使上肢的活动受到了限制。肩被拿，一般有两种情况，一是从前面抓住，二是从身后拿住，并且有单手抓和双手抓之分。因此要思路清晰，分别施法，灵活对待。

一、缠肘捌腕

（1）甲从正面上右步，出右手抓住乙的左肩，如图3.8.1所示。

（2）乙迅速用右手压紧甲的右手，使甲右手与肩成为一体，同时乙身体右拧，左腿上于甲右腿外，左臂屈肘于甲小臂上，如图3.8.2所示。

（3）乙松肩圆裆，左肘下压外捌，配合身体下沉，甲右臂被拿，如图3.8.3所示。

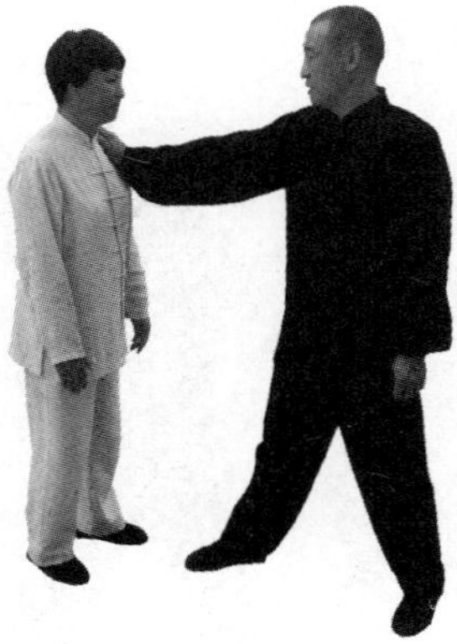

图3.8.1 抓肩

图3.8.2　上步按手

图3.8.3　下压外捌

二、采腕旋臂

（1）甲从正面上右步，用右手抓住乙的左肩，如图3.8.4所示。

图3.8.4　抓肩

（2）乙左手上翻采住甲右腕，同时右腿插到甲右腿内侧，右手从甲右臂下穿入上托甲的右肘，如图3.8.5所示。

（3）乙身体左拧，左手沉腕翻转拧动甲的右手，右手沉肘回收，将甲反拿住，如图3.8.6所示。

图3.8.5　采腕托肘

图3.8.6　翻转拧臂

三、扣腕捌臂

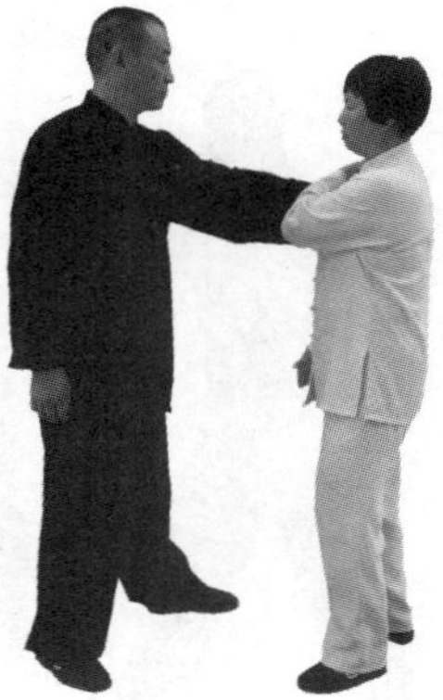

图3.8.7　抓肩

（1）甲从乙的右前方上左步，用左手抓住乙的右肩，乙身体右拧，左手扣压住甲的左手，如图3.8.7所示。

（2）乙身体左旋，右臂屈肘向上压于甲的肘关节处，如图3.8.8所示。

（3）甲见势不妙，欲抽手后撤。这时乙身体右拧，右臂向下，在左手扣压不变的情况下，右臂随拧体向外捌甲的左臂，甲被制服，如图3.8.9所示。

图3.8.8　旋体压肘

图3.8.9　拧体左捌

四、古藤缠枝

（1）甲从乙的右前侧上左步，出左手抓住乙的右肩，如图3.8.10所示。

（2）这时，乙的右手从甲的右臂里侧向上，防止甲用右手袭面，如图3.8.11所示。

（3）同时，乙身体左拧，右手用劲缠紧甲左臂，甲被裹缠而后仰，如图3.8.12所示。

图3.8.10　抓肩

图3.8.11　右臂上举

图3.8.12　转体缠臂

五、翻臂缠肘

（1）甲突然从乙背后上右步，用右手抓住乙的左肩，乙的右手迅速按压住甲的右手，如图3.8.13所示。

（2）同时，于甲身体一侧的左腿后撤一步，如图3.8.14所示。

（3）左臂上举，并向外缠住对方的肘关节向上掤起，甲因右臂被缠拿而被制服，如图3.8.15所示。

图3.8.13　抓肩按手

图3.8.14　撤步压臂

图3.8.15　缠臂掤起

第九节　破双手抓肩法

双手抓肩的反擒拿法，要比单手抓肩的破法有些难度，因为两个肩被拿，两手臂的活动均受到了一定的限制。这样，在反擒拿的过程中，反应要更加敏捷，动作要更加疾速，拿打摔踢要全面发挥，才能出招制敌。

一、合臂推胸

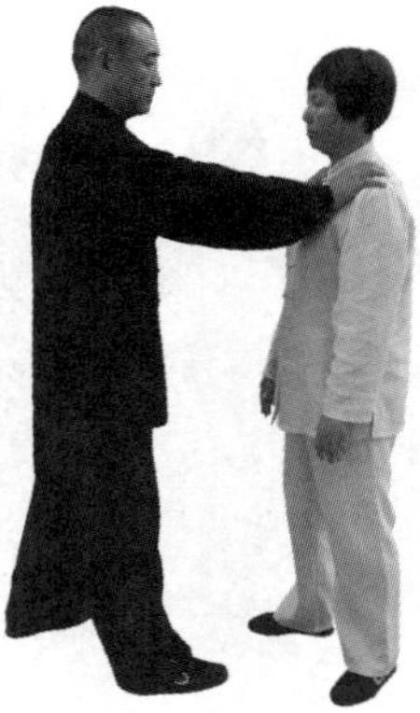

图3.9.1 抓肩

（1）甲从正面上右步，用双手抓住乙的双肩，如图3.9.1所示。

（2）乙迅速上右步于甲裆中，同时身体左拧，双手逆缠，由下向上按压住甲双臂向内合，如图3.9.2所示。

（3）随即双手逆缠下按，手心朝前推挤甲胸部，将甲发出，如图3.9.3所示。

图3.9.2 合臂

图3.9.3 前推

二、合臂捌体

图3.9.4 抓肩合臂

（1）甲从正面上右步，用双手抓住乙双肩，乙双手逆缠由下向上合于甲双臂上，如图3.9.4所示。

（2）同时，乙松右胯并向右拧体，双手向内收紧，左手随转体向右采住甲的左手，如图3.9.5所示。

（3）甲感到对己不利时，挣扎后撤。这时乙身体左转发力，同右手臂掤住甲右肘关节处向左捌，甲因手臂被拿而被擒，如图3.9.6所示。

图3.9.5　合劲采手

图3.9.6　左捌

三、上掤下顶

（1）甲从正面上右步，用双手抓住乙双肩前推，如图3.9.7所示。

（2）这时，乙身体右拧，双手从内向上掤住甲双臂。同时，乙双臂逆缠外掤，将甲双臂外分，使甲双臂从肩上下滑到乙左右腋下。乙随即小臂内收，裹紧甲双臂并上掤，使甲双肘呈反关节，如图3.9.8所示。

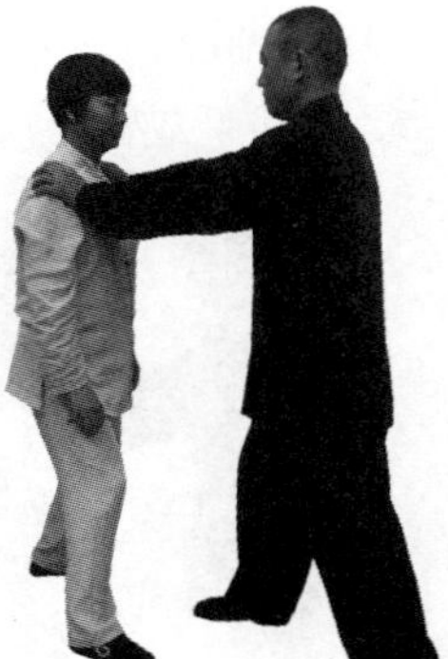

图3.9.7　双手抓肩

（3）在收紧上掤之时，乙提右膝向上顶撞甲的裆部，甲因失重和受击而倒地，如图3.9.9所示。

图3.9.8 逆缠掤臂

图3.9.9 掤臂顶裆

四、压肘旋体

（1）甲从正面上右步，用双手抓住乙双肩向前拉，如图3.9.10所示。

（2）乙顺其势向前上右步，双手从两侧裹住甲双臂，同时身体左拧，松胯沉裆，双手裹压住甲的双臂里收下压，如图3.9.11所示。

（3）在甲双臂受压后重心前移之时，乙突然向左旋体，双臂也

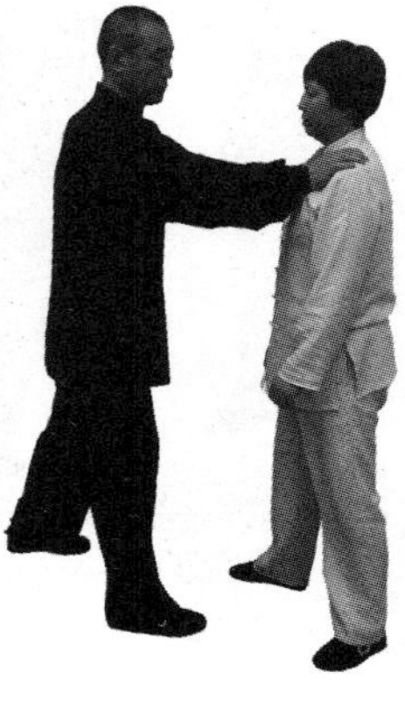

图3.9.10 双手抓肩

图3.9.11 裹臂里合

同时向左发力，甲双臂从乙肩上滑下前倾摔出，如图3.9.12所示。

图3.9.12　旋体挒体

五、捋臂击裆

（1）甲从正面上右步，用双手抓住乙的双肩，向前下按，如图3.9.13所示。

（2）乙顺甲前拉之势，两臂从两侧逆缠向上裹压住甲双臂，同时松胯沉裆，里合下压，如图3.9.14所示。

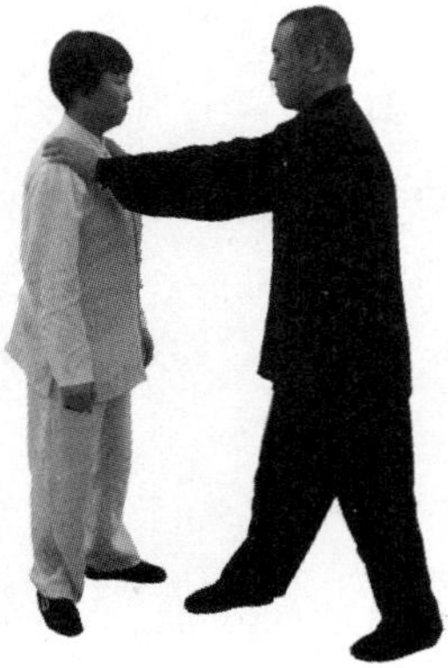

图3.9.13　抓肩

图3.9.14　裹臂里合

（3）甲感到对己不利时，急于后撤，乙马上身体左拧，左腿上至甲右腿外侧，左臂裹紧甲右臂，右臂下压外捋甲左臂脱肩的瞬间，向前攻击甲裆部，甲捂裆退出，如图3.9.15所示。

图3.9.15　上步击裆

第十节　破搂腰法

在太极拳技击中，腰是上下体转动的关键，对全身动作的变化、调整重心的稳定，以及对推动劲力到达肢体各部分，都起着至关重要的作用。所以，就有了“主宰于腰”“腰为车轴”之论。拧腰、活腰、塌腰则又是技击行功的主要表现。但是，一旦腰被控制，“主宰”被夺，“车轴”被卡，则会形成背势。这时就必须采用下面所讲的太极拳手段，破解搂腰之危。

一、退步搓胸

（1）甲从正面上右步，双臂搂抱住乙的腰部，如图3.10.1所示。

（2）乙身体左拧，左手逆缠向上拿住甲右臂，右手逆缠向上掤于甲左耳下，如图3.10.2所示。

（3）乙松右胯，左腿后撤，左手向左后捋，重心迅速右移，右手滑于甲胸前顺缠发劲，将甲向左发出，如图3.10.3所示。

图3.10.1　抱腰

图3.10.2　拿臂掤手

图3.10.3　撤步搓胸

二、引身摔体

（1）甲从正面上左步，用双臂将乙的双臂及腰部搂抱住向下压，欲将乙推挤坐地，如图3.10.4所示。

（2）乙随着对方的来势，立即松胯沉裆，左右手逆缠向上掤住甲左右臂，同时身体向左拧转，左臂下捋，右臂左挤，将甲身体向左引化，如图3.10.5所示。

（3）同时乙左腿后撤，加大左捋及推挤之劲，将其摔出，如图3.10.6所示。

图3.10.4 抱腰下压

图3.10.5 掤臂

图3.10.6 左捋右挤

三、捌臂推胸

（1）甲从正面上左步，用双臂将乙的双臂及腰部抱住上拔，如图3.10.7所示。

（2）乙从容地身体右拧，身法下沉，同时双手逆缠向上按压住甲双臂，如图3.10.8所示。

图3.10.7 前抱

图3.10.8 拧身压臂

（3）乙身体左拧，左手顺缠上掤甲右臂，右手顺缠左捩，压迫甲左臂向左屈起，乙重心前移，右手推按甲的胸部，将其向后发出，如图3.10.9所示。

图3.10.9 捩臂推胸

四、掤臂靠胸

（1）甲从乙的身后用双臂将乙的双臂及腰部一起搂抱住，如图3.10.10所示。

（2）乙身体左拧，双手逆缠向外挒挤甲之双臂，甲身体向右侧倾斜，搂劲松动，如图3.10.11所示。

（3）甲劲被化之后，欲重新抱紧之时，乙身体右转，以右肩向甲胸部突然靠击，甲在乙肩靠爆发力的作用下向左后跌出，如图3.10.12所示。

图3.10.10　后抱

图3.10.11　拧体挤臂

图3.10.12　转体靠胸

五、解抱运肘

（1）甲用偷袭，从乙身后上左步，用双臂抱住乙的双臂及腰部，如图3.10.13所示。

图3.10.13　后抱

（2）乙身体左拧，身法下沉，臀部后坐，双臂逆缠，突发向外的弹抖劲，甲抱乙的双臂松劲，如图3.10.14所示。

（3）在甲手松动的同时，乙重心迅速右移，身体突然右转，以右肘向后猛击甲的右肋骨，甲向左方跌出，如图3.10.15所示。

图3.10.14　弹抖解抱

图3.10.15　转体肘击

第四章

陈式太极拳老架一路技击法

学习技击，一是健身，二是防身。在比赛或训练中，则是“点到为止”，决不能伤人。但是，当国家和人民生命财产受到危害，自己的生命受到威胁时，则应挺身而出，采用技击之法为民除害。

第一节 技击法诠释

传统的陈式太极拳，是一种攻防兼备，内外兼修，既对立又统一的拳种。其每个招式中，都含有化、打的意识，攻防的技巧。精湛奥妙，变化无穷。“听、化、拿、发”“柔化刚发，以柔克刚”等理论，已经系统地阐明了这一传统拳种的技击之理。

本书以陈式太极拳老架一路为主体，来讲解每招每式的技击用法，目的是以引导为主，提高太极拳爱好者的练拳兴趣，灵活运用各种招式，增强健体防身的能力。

一、拳势为媒，诱导前行

在讲解每种招式技击法前，均以该拳势为媒介，来讲解这一招式的技击方法。但是，这一拳势突破了传统的规定约束，只为技击法服务，所以读者不可生搬硬套，应灵活理解和应用。

如金刚捣碓这一招式中的右拳携右腿提起，它就包含着两种不同的技击效果。一是右拳和右腿提起，拳可冲击颌部，腿可顶击裆部，实现了上下相随。二是有提起就有落下，右拳向下可击眼、鼻等，腿下落可踩可震对方之脚。这样就取得一石二鸟之效。

在这些拳势的介绍中，可能与本系列丛书中的内容有出入，这是正常的。因为在《陈式太极拳老架一路习练精要》中，对拳势的讲解只注重其形，要求形正和招熟。而在本书中，则要求“懂劲”和“神明”。

二、同名归一，意同兼并

在陈式太极拳老架一路中，有许多招式都是反复出现，虽然可能在衔接时有些差异，但不影响大局，所以在内容上，凡是遇到这些招式时，均以第一个出现的为主，后边的不再介绍。如六封四闭、金刚捣碓、掩手肱拳等。

另外，还有一些是左右对称的动作，在讲解中也将这些动作兼并到了一起。如左右擦脚、左右蹬跟、前招后招等。读者可根据书中所讲的例子，结合实际做出相应调整。如将左擦脚变换为右擦脚，方向、部位相反即可。

三、招多法简，突出重点

在陈式太极拳老架一路中，有些招式中的动作繁多，但在技击讲解中，只讲其一部分，其余的不再去讲。这样读者可根据自己所学去分解，做到学用结合。如云手招式中，只有并步动作，没有插步和盖步的用法等。

四、视友为“敌”，点到为止

在进行技击训练时，要把陪练喂招之人视为敌方，并要抱着“面前无人如有人，对面有人如无人”的心境。这样在练招时才能大胆进招，做到“假戏真做”，不被外界干扰。

在与对方共同训练时，应严格按照拳架中的招式和技击方法，点到为止，不能给对方造成任何的伤害。特别是进行擒拿和反擒拿时，扭转对方关节的手要紧中有松，对方跌出或快摔时一定要提前放手，免得折断或扭伤对方关节。

五、习练精要，全章统合

在本章中，本应在每招每式后介绍本招本式的习练要点，但是考虑到阅读的系统性和文字的精简原则，没有在每招式后进行介绍，而是把习练要点集中于此，分类介绍，望读者理解。

（一）身法要点

技击之法，每招均与身法相连。拳论曰："身必以端正为本，以周身自然为妙。"陈鑫也讲到"打拳原是备身法，身法有正有斜，有直有曲，有顺有逆""千变万化，难绘其形"等。

因此，在每招习练时，头要自然上顶，避免颈部肌肉硬直，不要东偏西歪或自由摇晃。头颈的动作应随着身体位置和方向的变换，与躯干的旋转上下连贯协调一致。

如摆脚跌叉，摆脚时，以腰带动，松肩沉肘，独立腿要稳，两手随身体转动。跌叉时，首先是腰胯要松，两腿基本仆地，但是不能坐死，应有灵活性。皆要身法端正，顶劲领起。

（二）步法要点

对于步法的进退变换和周身的稳定程度，两腿起着决定性作用。腿部活动时，总的要求是松胯、屈膝、两脚轻起轻落，使下肢动作轻、稳，进退灵便。迈步时，一腿支撑体重，稳定重心，然后另一腿缓缓迈出。脚的起落，要轻巧灵活。前进时，脚跟先着地；后退时，脚掌先着地，然后慢慢踏实。横步时，侧出腿先落脚跟内侧，然后全脚落地。跟步、垫步都是先落脚尖或脚掌。蹬脚擦脚时，动作宜快出快收，应保持身体平衡稳定。

（三）手法要点

在技击中，手法的表现主要在"化"和"掤"以及太极八法的应用。

在陈式太极拳老架一路技击应用的过程中，“化”劲贯穿于每招每式之中，也就是有招就有化，化与招行。所谓“化”，就是顺着对方的来劲，划一圆弧，使其来劲转移方向、落空而不得势。但是，化不是单一地去化，而是要与打形成一体，使引化与进击同步，方为妙术。如抱头推山，在向左引化对方、右手按劲的同时，用左拳去击对方胸部。所以读者可根据这一规律去读去用。

化的方法有许多，但是“掤”法还是化的首选。因为它是一种弹性的、能伸能屈的、柔韧结合的、螺旋式的外撑劲。但是掤，不是单指手去掤，全身上下都能掤。所以，在实际训练时，一定要领悟“化”与“掤”的关系，明确其理，才能活用其法。

（四）发劲要点

发劲是技击法中的关键性功能，常有截劲、钻劲、寸劲、分劲、冷劲、断劲、弹抖劲等。发劲练习，必须在去僵求柔、周身放松的基础上，做到“劲起脚跟，行于腿，主宰于腰，发于梢节”，这是太极拳的发劲规律。只要真正掌握了这个规律，不管在任何角度和部位发力，都能够做到得心应手。但发劲，不只是指用手或拳的发劲，肘、肩、脚、膝、梢节、主要关节及周身各个部位都能发劲。“发劲”须制敌之“根”；“发劲”须审时度势，选准方向和时间；“发劲”时须敛气凝神，坐腰松胯，如枪弹出膛，气贴脊背，而贯之于肢体。

第二节　起势技击法

“练拳先从无极始，阴阳开合认真求。”起势中隐含着太极之源、自然生化之理，暗藏着动静之机、开合之形、虚实之别、八法之劲，也是固根定盘、生精贯气、化神运身的基石。所以，陈式太极拳遵循太极之理，运用攻防之法，从起势入手，带你进入太极拳技击的殿堂。

陈式太极拳老架一路、陈式太极拳老架二路或各类套路中，起势中就隐秘着技击之法。但由于太极拳遵循“动急则急应，动缓则缓随”“随屈就伸”的哲理，遇战时则应随机应变，应用所学技法灵活运用，而不可循规蹈矩、死搬硬套。

一、缠臂拿腕

（1）拳势介绍。此种方法，就是利用双手腕领劲向上的这一动作原理，以掤先防，然后变按劲进攻，如图4.2.1所示。

（2）甲突然从乙的正面上左腿举右拳向乙的头部击去，如图4.2.2所示。

图4.2.1　拳势

图4.2.2　甲出手

（3）乙见状，右臂向上掤起并将甲的手臂向右捋，如图4.2.3所示。同时乙身体右转，上左步于甲裆内，左手托按住甲的右臂肘关节处，如图4.2.4所示。

（4）随即乙右手拿着甲的右臂顺缠向左并前按，左手按着甲的右臂肘关节向前挤按，甲因右臂疼痛和重心失稳后仰，如图4.2.5所示。

图4.2.3　乙上掤

图4.2.4　旋腕按肘

图4.2.5　缠臂前按

二、掤臂前挤

（1）拳势介绍。这个按臂之法，是利用起势中“沉肩、坠肘、再走手顺序下沉”的太极拳技击法击倒甲。在此种技击方法中，不是直接向下按，而是在按中含前挤之意，如图4.2.6所示。

（2）甲上左步进身，右手握拳屈臂，举左拳向乙的头部击去，如图4.2.7所示。

图4.2.6　拳势

图4.2.7　甲出击

（3）乙的右腿横开，左手抓住甲的左手腕处，右臂翻转上掤，将甲的手臂向外捋开，使来劲化空，如图4.2.8所示。

（4）同时乙的左手顺缠，右手顺缠翻腕，随即卡住甲的肘弯处向前挤按，甲因重心不稳后仰倒地，如图4.2.9所示。

图4.2.8　上掤

图4.2.9　向前挤按

第三节　金刚捣碓技击法

金刚捣碓的拳法中，有左转接手、右转平捋、向前挤按、提膝冲拳、震脚砸拳等技法，是技击法中最为典型的拳架招式。在这些技法中，每种技法均有它的特定性和灵活性，只要出手，就能收到应有的技击效果。

一、抓腕击臂

图4.3.1 拳势

（1）拳势介绍。在金刚捣碓的招式中，接起势后经胸前划一立圆后，身体左拧，左掌外掤，右掌上托于胸前后翻掌向右捋。所以，当正面受到威胁时，就可应用这一拳理，如图4.3.1所示。

（2）甲右腿在前，伸右拳向乙面部袭击，如图4.3.2所示。

（3）乙身体右转，双手从甲手臂下由右向左走下弧线，然后右手采住甲右手腕处，左手托住右肘处，如图4.3.3所示。

图4.3.2 出招

图4.3.3 采腕托肘

（4）乙粘住甲听劲后，右手顺缠转动甲右臂，左手顺缠滚动，甲身体上部向右侧歪斜失稳，如图4.3.4所示。

（5）这是一个补充技法。乙接手后知其劲力不足，右手紧抓甲右手向前推按，同时右手顺缠扭其手腕，左手推按其肘尖，甲因受反关节和前推力重心改变而下蹲，如图4.3.5所示。

图4.3.4 右臂被拿

图4.3.5 反腕

二、捋按跌出

（1）拳势介绍。这一技击法是在双手右捋的基础上，身体右转后左腿开步，并且双手从上向下走下弧线后，左手上掤，右手手掌朝前的一种技击招术，如图4.3.6所示。

（2）甲举右拳向乙左肋击来，如图4.3.7所示。

图4.3.6 拳势

图4.3.7 甲出手

（3）乙身体稍右转，同时右手迅速抓住甲右手腕，左手掤住其肘臂处，如图4.3.8所示。

（4）乙接手后身体向右拧转，右手牵着甲右臂向右捋，同时左手顺着甲的劲力滚按右肘，甲失重后向右侧跌出，如图 4 .3. 9 所示。

图4.3.8　抓腕掤肘

图4.3.9　跌出

三、顶裆击颌

（1）拳势介绍。这种防抱肩法，是运用左掌下按，右掌上托与肩同高变拳，后下落于左掌之中，然后右拳与右膝一起提起，如图4.3.10所示。

（2）甲双手向前抓乙双肩，如图4.3.11所示。

图4.3.10　拳势

图4.3.11　甲抱肩

（3）乙双臂顺缠划弧向上，从甲双臂中间向两边拨开，如图4.3.12所示。随即右掌变拳由下顺缠向上直击对方下颌，同时在保证左腿重心稳固的情况下，含胸收腹，右腿屈膝向上撞击甲裆部，如图4.3.13所示。

图4.3.12　拨臂化劲

图4.3.13　顶裆击颌

四、击背震脚

（1）拳势介绍。在上面的正面抱肩技法中，运用了金刚捣碓中右手与右腿一起提起的顶裆击颌的技击原理。那么在此招式中，则是把震脚砸拳的招式运用到实战中，如图4.3.14所示。

（2）甲举右拳突然向乙胸部击来，如图4.3.15所示。

图4.3.14　拳势

图4.3.15　举拳出击

（3）乙身体右拧，右手顺势采住甲的右手腕，左手拟去击甲的面部，甲马上用左手去接乙左手，如图4.3.16所示。

（4）乙左手顺缠下按，右手松开甲右手变拳上掤，右腿随右手屈膝上提。在甲受力身体左倾之时，乙肘尖向下痛击其背，同时右腿向下震在甲的右脚面，甲受挫而被制服，如图4.3.17所示。

图4.3.16　采腕

图4.3.17　击背踩脚

第四节　懒扎衣技击法

拳谱讲："法生于外，巧生于内。"在懒扎衣拳势中，胸腹的旋转折叠，四肢的顺逆缠绕，重心的转换，均为太极拳技击的妙用。在懒扎衣技击的实战中，先是用掤、拿、挒击之法解决身体左前的威胁，再用上引下进、右引左进之技化解右侧的攻势。

一、按手压臂

（1）拳势介绍。金刚捣碓后，左手抱右手于腹前，这时两手劲力相合，如图4.4.1所示。

（2）甲从正面用右手抓住乙左肩，如图4.4.2所示。

（3）乙迅速抬右手紧按住甲右手，如图4.4.3所示。

图4.4.1　拳势

图4.4.2　抓肩

图4.4.3　按住甲手

（4）乙同时抬左肘向上使左大臂与甲右小臂呈十字交叉后，随即向下按压甲小臂，如图4.4.4所示。

（5）待甲身体下蹲到底后，乙右手带着甲右手由上向下翻到甲胸部时，速变前推，同时左手也按臂前推，使甲后坐倒地，如图4.4.5所示。

图4.4.4　左臂屈起

图4.4.5　以臂压肘

二、旋腕挤靠

（1）拳势介绍。懒扎衣式中，当左手上托，右手下按后，双手变顺缠划弧合于胸前，然后右腿横开，如图4.4.6所示。双手相合，可用于抓对方来攻之手，顺制对方腕关节等，称作“以拿还拿”。右腿开步，可插对方之裆，也可套对方左腿进而攻之，这种技击法称为“合臂开腿”。

图4.4.6 拳势

（2）甲用右拳从前直攻乙胸部，如图4.4.7所示。

（3）乙迅速用右手掤住甲右手上化劲，如图4.4.8所示。

图4.4.7 甲击胸

图4.4.8 上掤化劲

（4）乙接手后，立即向下引，并且右手顺缠转腕向上，给甲右臂一个拧劲，如图4.4.9所示。

（5）乙右腿向右开步，插于甲的右腿内侧，右手反按甲腕关节，顺势肘向内贴于甲右肋处，如图4.4.10所示。

（6）在甲身体向左下弯曲时，乙左手挤靠甲右臀处，同时右肘向右发力，甲向左侧倒地，如图4.4.11所示。

图4.4.9　顺缠转腕

图4.4.10　旋肘贴肋

图4.4.11　挤靠跌出

三、穿臂滚按

该拳势与上式相同。

（1）甲用左拳或左掌击乙胸部，如图4.4.12所示。

（2）乙瞬间身体左拧，用左手从上抓住甲左手腕，立即顺缠扭腕，甲肘向上弯起，如图4.4.13所示。

图4.4.12　甲攻击

图4.4.13　抓腕顺缠

（3）甲肘尖弯起时，乙右手手心朝上从甲左臂下穿过向上，如图4.4.14所示。

（4）右手穿过后，身体右拧，小臂逆缠滚动，并由内向左下施按劲，甲身体后仰倒地，如图4.4.15所示。

图4.4.14　右掌穿臂

图4.4.15　滚臂下按

第五节　六封四闭技击法

在太极拳技击的攻防中，如果要进攻对方，就应首先找到对方的薄弱环节。在一般情况下，重心就是一种薄弱环节的重要表现。所以在技击中，如果将自己进攻的力点直接作用到对方的重心线上，就直接破坏掉了对方的重心线，也就破坏了对方的平衡。六封四闭这一招式，就是依据上述之理，在技击中以化为主，化中隐发，引中含打，应用时诡秘而神速，让对方在不知不觉中已被制服。

一、左捋按臂

（1）拳势介绍。六封四闭接懒扎衣动作后，双手划弧掤至体前，又在身体左拧的情况下，双手坐腕划弧下捋，这一捋，就是技击中的一种化劲，如图4.5.1所示。

（2）甲从乙的右侧左手去击乙的肋部，如图4.5.2所示。

（3）乙果断顺势向左拧身，同时右腿上步于甲的左腿外侧，左手采住甲的左手腕，右手压在甲的左肘关节处，如图4.5.3所示。

图4.5.1　拳势

图4.5.2　出击

图4.5.3 采腕压肘

图4.5.4 滚压

（4）乙重心左移，身体稍向左拧，右手顺缠滚压着甲手臂，左手粘着甲的手腕向左下捋，同时要松左胯，向左拧腰，使甲向左跌出，如图4.5.4所示。

二、转腕前推

（1）拳势介绍。在六封四闭中，当双手下捋至极限时，两手翻转向上至左胸上位，重心右移，左腿收于体侧，双手则缠丝转腕向前推出，如图4.5.5所示。

（2）甲从前面举左拳攻击乙胸部，如图4.5.6所示。

图4.5.5 拳势

图4.5.6 出击

（3）乙身体迅速左转，同时左手接住甲的左手左捋，右手按在甲的左臂肘弯处，右腿插到甲的左腿内侧，如图4.5.7所示。

（4）随即乙右臂逆缠转腕，手心向前，左手向前先挤再按甲，与右臂形成合力向前推挤，甲向后跌出，如图4.5.8所示。

图4.5.7　接手左捋

图4.5.8　发劲

第六节　单鞭技击法

《孙子兵法》九地篇中曰："故善用兵者，譬如率然。率然者，常山之蛇也。击其首则尾至，击其尾则首至，击其中则首尾俱至。"陈式太极拳"单鞭"一式正是运用了孙子这一兵法之理，使拳形更加精微细致，技法更加奥妙无穷，且又变化多端。所以单鞭一式也就成了技击之要法，用武之精粹。

一、勾魂摄魄

勾手是太极拳实战中一种常用的技法。其手型是手的五指相并捏拢在一起，并有屈腕之勾和直腕之勾。勾手有抓筋、拿脉、锁骨等作用和功效，它通过刁、扣、锁、拿对方的肩、肘、手、腕等部位，使其进入死角状态而不能进行转换变化，体现出太极拳技击特有的威力和魅力。

（1）拳势介绍。单鞭招式中的勾手，是从抱球旋转后，右掌变勾手从左掌心中拉出，如图4.6.1所示。这种勾手属技击的勾引上提式。

（2）甲突然从正面擒拿住乙四个手指，导致乙手腕不能转动，如图4.6.2所示。

图4.6.1　拳势

图4.6.2　手腕被拿

（3）乙右手肘尖利用腕关节和肩关节由上向下顺缠，使前臂压在甲的右小臂上，如图4.6.3所示。

（4）乙顺缠向下时逐步手心向上，反握着甲的大拇指向下压，甲在反关节的作用下身体向右侧倾斜，如图4.6.4所示。

图4.6.3　右肘顺缠

图4.6.4　握指下压

二、破勾击肋

（1）拳势介绍。这种方法是破解对方用勾手抓住另一方手指，撅折腕关节的一种技法。

（2）甲从乙的右侧，用右勾手抓住乙手指，并撅于乙肩膀处，如图4.6.5所示。

（3）乙迅速上右腿于甲右腿外侧，并贴靠于右腿上。

（4）同时乙顺甲之势身体左转，右臂顺缠到甲右肋部，采用肘劲与肩靠之劲使甲向左倾倒，如图4.6.6所示。

图4.6.5　乙指被拿

图4.6.6　击肋

三、旋臂压肘

（1）拳势介绍。在单鞭中，在左腿向左开步的同时，左手腕顺缠向内，然后翻掌向上，就是这个小动作，即可以制服对方，如图4.6.7所示。

（2）甲从乙的左侧或正前方出右手抓住乙左手腕，如图4.6.8所示。

图4.6.7　拳势

图4.6.8　甲抓乙手

（3）乙顺势向左前上步，同时左臂顺缠上提，如图4.6.9所示。

（4）乙左肘尖到达甲右肘弯上方时，向左松胯转腰，并用肘压着甲的手臂向左下挤压，甲因重心不稳而向左后跌出，如图4.6.10所示。

图4.6.9　顺缠上提

图4.6.10　向左挤压

四、擎鞭击打

（1）拳势介绍。当右手变勾手从左掌心拉出之后，身体向左拧转，左手翻掌划弧与右手对拉至身体两侧，与肩同高呈鞭状，如图4.6.11所示。

（2）甲从乙的左侧前方上右腿，举右拳向乙胸部袭击，如图4.6.12所示。

图4.6.11　拳势

图4.6.12　出击

（3）乙右手迅速勾住甲的右手腕，左手向上，顺势向上掤起甲手臂，如图4.6.13所示。

图4.6.13　上掤

（4）乙上左步于甲右腿后，右勾手粘住甲右手腕向右下挒而后向左挤，左臂从甲右臂下上穿顺缠左伸，向左强压甲胸部，下部借左腿支撑，三劲合一使甲后倒，如图4.6.14所示。

（5）动作（2）后，也可在上掤套腿之后，乙身体下沉左拧，左掌运挤按之劲于甲胸部，甲重心后移而后仰倒地，如图4.6.15所示。

图4.6.14 发出

图4.6.15 击胸

第七节 白鹤亮翅技击法

白鹤，飞行强健而缓慢，并时做翱翔状。其飞行姿势，一是“翻滚式”推进，二是“螺旋状”盘飞。这两种飞行姿势，吻合了立面和平面内的太极阴阳转换和螺旋缠丝的劲别，对太极拳技击有启示作用。

一、右捋靠打

（1）拳势介绍。白鹤亮翅开始时，右手上穿，左手下翻，形成一个双逆缠之势。然后左（右）腿向后撤步，同时右手划弧上掤，如图4.7.1所示。

（2）甲从正面上左腿，出左手向前去攻击乙，如图4.7.2所示。

图4.7.1 拳势

（3）乙立即身体左转，用左手接着甲的左手腕向左捋，同时右腿插入甲的左腿内侧，如图4.7.3、图4.7.4所示。

图4.7.2　出击

图4.7.3　左手接腕

（4）与此同时，乙右手从甲左臂穿出贴于甲胸部向右挒靠，甲身体后仰跌出，如图4.7.5所示。

图4.7.4　左捋

图4.7.5　靠胸

二、掤臂击肋

（1）拳势介绍。经过身体的左转，重心右移，左腿呈虚步后，双手左下右上划弧分开，左手至左胯外侧，右手至右前上方，掌心朝外，两臂处应撑圆，如图4.7.6所示。

（2）甲从正面上右步用右拳向乙胸部击来，如图4.7.7所示。

图4.7.6 拳势

图4.7.7 攻胸

（3）乙右臂向上去掤甲右臂，同时左臂也随右臂向上，如图4.7.8所示。

（4）乙身体迅速向右拧转，左手落于甲的右胯处，双手用力顺缠发出，甲因胯顶旋转不灵而向左跌倒，如图4.7.9所示。

图4.7.8 上掤

图4.7.9 发出

第八节　斜行技击法

该招式是步斜身正，成势时两臂、两腿各占一角，成为斜行招式的明显特征。从斜行的拳架来看，采用低身法身体由右向左，就是一种目标转移，然后由化变打，这就是常说的“以柔克刚”的技法。它在太极拳的技击运用中，是虚灵在中，无形无象，逢斜正打之术。

一、滚臂肩靠

（1）拳势介绍。在斜行招式开始之初，就有一个技击招式，这就是“身体向左拧转，右手向左划弧立掌于体前，左手下按”，如图4.8.1所示。

图4.8.1　拳势

（2）甲从正面出左拳向乙袭击，如图4.8.2所示。

（3）乙见状，右手从甲的左臂外侧向上掤于甲的左臂肘关节处，如图4.8.3所示。

图4.8.2　出击

图4.8.3　掤臂

（4）在乙手臂与甲手臂相贴的同时，手臂顺缠并沿甲手臂滚动右推，同时身体左转，右腿上步于甲左腿后侧，如图4.8.4所示。

（5）乙手臂旋到甲左臂腋窝下后，用右肩向右发力使甲跌出，如图4.8.5所示。

图4.8.4　滚臂进肘

图4.8.5　肩靠发出

二、右捋滚臂

（1）拳势介绍。左腿向左前方45度上步，同时左手立掌于身体中线，右手划弧前掤至右前上方，左手上托，右手下按，如图4.8.6所示。

（2）甲出右拳向乙面部袭来，如图4.8.7所示。

图4.8.6　拳势

图4.8.7　击面

（3）乙右手接住甲右手腕部向右捋，同时左腿上步于甲右腿后方，并紧贴其腿肚，左手按在甲的肘尖处，如图4.8.8所示。

（4）随即乙右手采着甲手臂向右下旋压，左手顺缠并滚压甲右臂肘关节，使其手臂受压和反关节受扭而身体下趴，如图4.8.9所示。

图4.8.8　右捋

图4.8.9　滚臂

第九节　搂膝拗步技击法

“水因地而制流，兵因敌而制胜。”太极拳以阴阳为本，强调的是天圆地方之律，应用在拳架中就充分表现为化与打、弧线与直线、先化后打、不化不打的太极拳技击指导思想。应用中它讲究完整一气、气势团聚、全身整劲，特别强调以腰为轴、带动四肢、内外相合、上下相随、一动无有不动的整体性和协调性。搂膝拗步的招式，是一种不招不架、连化带打的寓守于攻的动作，其技击术也就具有了如下内容。

一、掤臂按胸

（1）拳势介绍。在斜行招式后，左勾手变掌，双掌同时顺缠走下弧，手心由下变上在左膝两侧向上捧起，如图4.9.1所示。这种双手上捧就是技击术的表现形式。

（2）甲出双手抓住乙肩部向后推按，如图4.9.2所示。

（3）乙身体稍向右拧，两手迅速内合，并由下向上掤着甲双臂，如图4.9.3所示。

图4.9.1 拳势

图4.9.2 抓肩

4.9. 3 上掤

（4）乙双手掤起的同时，上左步于甲右腿外引化，双手逆缠于甲手臂上方的肘关节处，猛然下按后向上掤起并向前挤按，如图4.9.4所示。

（5）也可在猛然下按外分后双手推按甲胸部，甲因重心后移而后仰倒地，如图4.9.5所示。

图4.9.4 向前挤按

图4.9. 5 推胸

二、掤腿击胸

（1）拳势介绍。当双手上掤至胸前时，双手坐腕外掤，成为技击的另一种实用战术，如图4.9.6所示。

（2）甲从乙的正面提右腿攻击乙左下部，如图4.9.7所示。

图4.9.6　拳势

图4.9.7　提腿

（3）乙左腿回收，化其劲并后坐，在化劲的同时，右腿向前上步呈弓步，左手向下采紧甲右脚踝关节处，如图4.9.8所示。

（4）乙抓紧甲右腿后，随势将甲右腿上掤，并出右手推按其左胸，令其后仰倒地，如图4.9.9所示。

图4.9.8　采踝掤腿

图4.9.9　发出

三、按手击面

（1）拳势介绍。拳谚讲："步步向前，天下无敌。"拗步招式遵拳谚之理，具有"上三步"之法式，隐"三推手"之玄机。这种招式有步步紧逼之意，也是黏随的技击之法，如图4.9.10所示。

图4.9.10　拳势

（2）甲从乙身后上左步，出左手抓按乙肩部，乙听劲后，迅速用左手按紧甲左手，使其不能动弹，如图4.9.11所示。

（3）乙迅速右转180度，右腿上步于甲左腿外侧，左脚蹬地重心右移，右手变拳或用掌击打甲下颌或面部，如图4.9.12所示。

图4.9.11　抓肩按手

图4.9.12　击面

第十节　掩手肱拳技击法

太极拳技击法，粘连黏随、不丢不顶、后发先至。实战时，如运笔作画，时中锋、时逆锋、时侧锋，或积墨、或泼墨，既有楷体的中正淳厚，又具魏碑的凝重坚实，频显王羲之的飘逸隽秀，更具黄庭坚的恣肆张扬，真是出神入化，潇洒自如，达到了捷若惊鸿、快如闪电、迅如炸雷、一招制敌的奇效。

拳谚常说："拳打三分不易，脚踢七分不难。""远则拳打脚踢，近则擒拿抱摔。"可见"拳"在技击中的地位和应用非常引人注目。掩手肱拳是太极拳中的代表招式，在出拳时，劲起于脚，行于腿，主宰于腰，形于手，并且是前出拳、后肘击，具有松活弹抖的技击劲道。

一、掤手靠打

（1）拳势介绍。在掩手肱拳开始之时，右手由上向下按，要与左手形成一合劲。但在技击中，右手下按，就是要化去对方之来劲，然后合劲攻之，如图4.10.1所示。这种掤手靠打之法，就是利用右手化劲之法，然后再用出拳时的右肩左旋去击打对方。

（2）甲从乙右侧抓住乙的右臂，如图4.10.2所示。

图4.10.1　拳势

图4.10.2　抓臂

（3）乙随着甲来势，迅速身体左拧，右臂向下化劲，如图4.10.3所示。

（4）甲随化劲身体向前与乙身体紧贴，乙重心前移，随化劲和拧体之势，用右肩靠击甲左胸侧部而使甲跌出，如图4.10.4、图4.10.5所示。

图4.10.3　拧体化劲

图4.10.4　拧体贴身

图4.10.5　肩靠

二、冲拳击胸

（1）拳势介绍。掩手肱拳到最后即将定势时，身体向左拧转，右脚蹬地，重心迅速左移，同时左掌变拳屈肘后击，右拳旋转前冲击打，形成明显的攻击之势，这就是出拳击打的技击之术，如图4.10.6所示。

（2）甲从右侧面上右步，用右手抓住乙的左肩，如图4.10.7所示。

图4.10.6　拳势

图4.10.7　抓肩

（3）乙左肩被抓之时，左手向上将甲右臂掤起化劲，如图

4.10.8所示。

（4）同时乙身体稍向左拧，右拳冲出猛击甲胸部，甲因重心后移和受击后倾，如图4.10.9所示。

图4.10.8　上掤

图4.10.9　冲拳击胸

第十一节　庇身拳技击法

《太极拳论》讲："人不知我，我独知人。""知己知彼，百战不殆。"这些就是所向无敌的先决条件。知人的方法，一是从两方所站的相互位置上看，二是看步法手法是何种形式，何足在前，采用哪个手进攻。从而可以揣测出对方是从哪个方向、采用什么技法来进攻。至于接手之后，则要凭自己身体各部分松圆的敏感性，来感知对方的动向变化来调整自己的进攻技法。所以，要想获得上面的"知人"方法，就要按丹经所云"欲点长明灯，须用添油法"去悟和练，不断提高太极拳的技击水平。

庇身拳，造型端庄典雅，动作精致细腻。从名称上看，是一种以防为主的拳势，但防中也具有技击之法、攻克之术。

一、掤开击胸

（1）拳势介绍。接上式，右拳变掌后与左手对拉由合劲变为开劲，然后两掌变拳，右拳逆缠向上至胸前，左拳位于腰间，形成连续的技击动作，如图4.11.1所示。

（2）乙双手相合，在站立之际，甲突然上前用双手抓住乙双腕，如图4.11.2所示。

（3）乙在甲手抓双腕之时，迅捷地向甲胸前发一弹抖的挤劲，如图4.11.3所示。这时甲加大了对乙的掤劲，乙粘着对方的双手由右向左划一平圈，双手迅速逆缠向上，将甲双臂向外掤开化劲，如图4.11.4所示。

（4）乙掤开甲双臂的同时，用双掌或拳进攻甲下颌或胸部及腹部，击伤对方，如图4.11.5所示。

图4.11.1　拳势

图4.11.2　抓腕

图4.11.3　挤甲

图4.11.4　掤开手臂

图4.11.5　双掌击胸

二、旋体跌出

（1）拳势介绍。在接下来的动作中，身体右转，重心右移，同时左拳走上弧至体前，右拳走下弧至右胯外侧，这一技法就是庇身拳中的技击招式，如图4.11.6所示。

（2）甲由正面用双手抓住乙双臂的肘弯上部，如图4.11.7所示。

图4.11.6　拳势

图4.11.7　抓臂

（3）乙身体稍左拧，右手顺缠并外捋甲左臂，并且自己的右肘掤起，甲左臂随转向上，右臂低下，如图4.11.8所示。

（4）同时乙身体迅速右拧，左手托住甲右臂的大臂处，并顺时针方向向右挤推，在同右手外捋劲的配合下，使甲旋体向右倒地，如图4.11.9所示。

图4.11.8　左捋右掤

图4.11.9　旋体推挤

三、捋靠击打

（1）拳势介绍。在庇身拳定势时，身体向右拧转，左脚蹬地，重心右移，左脚尖里扣，同时右拳旋转屈臂于右太阳穴上方。这时右拳面、左肘尖、左膝和左脚尖形成一条直线，也就是上、中、下劲力的相合，如图4.11.10所示。

（2）甲进右腿，举右拳向乙的胸部袭击，乙立即右手向上将甲右臂掤起，如图4.11.11所示。

图4.11.10　拳势

图4.11.11　掤起

（3）同时身体右拧，粘着甲的右手向右捋，并且左臂屈肘里合靠贴于甲后腰处，如图4.11.12所示。

（4）乙右手顺缠，扭动甲右臂，左肘外挤，向甲后腰施加靠劲，左腿膝盖靠压甲右腿膝窝，这时捋劲加靠劲，甲向前倒地，如图4.11.13所示。这就是庇身拳“背折靠”的表现形式。

图4.11.12　拧体捋臂

图4.11.13　背折靠

第十二节　青龙出水技击法

太极拳一招一式的技击之术，主要表现为踢、打、摔、拿四大类。踢，是以腿击为主，具有放长击远、打击力强、动作幅度大的特点。打，主要是用手，也可以用肩、肘、胸等身体部位去靠击，灵活多变，攻击路线变化莫测。摔，是近身摔打，控制对方重心，将对方摔出。拿，是反关节技术的应用，使对方虽有千斤之力不能为己所用。

在技击时，用手时要遵“手起撩阴，肘发护心”之道，抬脚时要循“脚起望膝，膝起望怀”之理。

青龙出水的招式，是以进攻为主的一种技击术。在此招式中，上下动作转换之时，均是先蓄而后发，发劲时具有弹性、韧性、螺旋、穿透等特点。

一、捋化滚按

（1）拳势介绍。青龙出水接庇身拳后，身体先左后右转，右拳旋转收腰间，左拳旋转至胸前，身体的右转和双拳的旋转，就充分体现了这一技击之法，如图4.12.1所示。

（2）甲从乙右侧上右步，用右拳向乙面部袭击，如图4.12.2所示。

（3）乙从容地身体右转，右手采着甲右腕向右前捋化劲，然后提左腿上步左臂屈肘相进，贴于甲后肩背处，如图4.12.3所示。

（4）乙左臂滚按甲右臂，甲在外捋滚按的双劲相合的攻击下，身体向前方旋出，如图4.12.4所示。

图4.12.1　拳势

图4.12.2　出击

图4.12.3　前捋

图4.12.4　滚按

二、引化撩裆

（1）拳势介绍。在青龙出水中，当身体向右拧转、重心左移的同时，左拳变掌旋转划弧向前撩，掌心向上时，形成一个前撩击打的技击劲道，如图4.12.5所示。

（2）甲从正面上左腿、出右手，拟去击打乙面部或胸部，如图4.12.6所示。

（3）乙见状，迅速右腿横开，用右臂挪起甲的右臂化劲，如图4.12.7所示。

（4）乙掤起甲的右臂后，甲用劲向下推按乙右臂，乙右手向下粘着甲右臂向下引化，同时重心左移，左掌划弧上撩甲的裆部，如图4.12.8所示。

图4.12.5　拳势

图4.12.6　出击

图4.12.7　掤臂

图4.12.8　撩裆

三、转臂击胸

（1）拳势介绍。拳法继续，身体向左拧转，重心迅速右移，同时左掌变拳屈肘后击，右拳旋转顺右膝向外发力，拳心向后，如图4.12.9所示。

（2）甲上右步、出左手，从侧面去击打乙的腹部，如图4.12.10

所示。

（3）乙身体左转，重心右移，左手向上抓住甲的左手腕顺缠下捋引化，如图4.12.11所示。

（4）乙在重心不变的情况下，右小臂从甲左臂下穿过，并朝甲的左胸部猛击，同时左手配合左臂横击向右送出，甲后仰出局，如图4.12.12所示。

图4.12.9 拳势

图4.12.10 攻腹

图4.12.11 下捋

图4.12.12 插臂横击

第十三节　双推手技击法

在技击对抗中，手是最前沿的一道防线，并且手法在技击中变化多端、变幻莫测，“翻手为云，覆手为雨”就是对太极拳技击手法的经典总结，也是对技击法“无有定势”的高度概括。

陈式太极拳中的双推手招式，依据手法“身手刚猛而不失轻灵、沉稳又极其敏捷”的招式特征，对右前方所来的威胁进行防与攻的博弈。

一、掤捋滚臂

（1）拳势介绍。双推手接青龙出水动作后，双拳变掌前掤，然后松左胯，右脚蹬地，重心左移，双手坐腕下捋至腹前，如图4.13.1所示。

（2）甲从乙的右前方上左步，出左拳去攻击乙的面部，如图4.13.2所示。

（3）乙见机身体微右拧，并稍向下引后猛然向上掤起，随即身体左转下沉，同时左手采住甲左手向下捋，右手顺缠于甲左臂外侧，如图4.13.3所示。

（4）同时身体左转，右臂配合下捋之劲，在甲左臂翻臂滚动下压，使甲向左侧跌出，如图4.13.4所示。

图4.13.1　拳势

图4.13.2　出击

图4.13.3 下捋化劲

图4.13.4 滚臂下压

二、采拿推胸

（1）拳势介绍。当左捋动作完成后，身体右转，双手翻掌走上弧线，左腿跟步于体侧呈虚步，双手经胸前立掌向正前方推出，如图4.13.5所示。

（2）甲从乙的右前方上左步举左拳向乙的头部击来，如图4.13.6所示。

图4.13.5 拳势

图4.13.6 出手

（3）甲左拳快到之时，乙左手逆缠向上，拿住甲左腕，同时右手也逆缠向上于甲左臂的肘弯处，如图4.13.7所示。

（4）乙双手控制住甲左臂后随即向左下捋，右手滚压甲左臂。这时甲回抽，乙迅速顺甲抽劲松臂变掌前推，甲侧身倒地，如图4.13.8所示。

图4.13.7　引化

图4.13.8　推出

第十四节　肘底拳技击法

《用武要言》讲：足踢头前，拳打膊下，侧身进步，伏身起发。足来提膝，拳来肘拨；顺来横击，横来捧压；左来右接，右来左迎；远便上手，近便用肘；远便足踢，近便加膝。这些理论是实践的真知，是指导太极拳技击的理论基础。

肘底拳，是拳隐肘底，肘拳相合，一方面具有攻势的隐蔽性，另一方面又具有蓄势待发的技击性。

一、穿掌击颌

（1）拳势介绍。双推手后，身体向右拧转，左手坐腕前推，右手后拉至左小臂中段，然后身体向左拧转，右手穿掌向上旋转划弧，这种左掌前推和右掌上穿就是明显的技击方法，如图4.14.1所示。

（2）甲从乙的左前方上右步举右拳向乙左胸击来，如图4.14.2

所示。

图4.14.1　拳势

图4.14.2　攻击

（3）乙身体稍右拧，左手坐腕向前接住甲的右腕，再突然向其胸前挤按化劲，如图4.14.3所示。

（4）乙左手与甲右手相接的同时，身体左拧，乙右手顺缠向上至左肘弯处后迅速翻腕向前攻击甲的下颌，如图4.14.4所示。

图4.14.3　挤按

图4.14.4　穿掌击颌

二、肘拳合击

（1）拳势介绍。左推右穿动作完成后，双手在身体两侧旋转划弧，左手携左膝提起至体前半步呈虚步，右掌至右肋旁。然后左臂屈肘下沉，立掌于胸前，右掌变拳合于左肘下，为先蓄隐发创造了条件，如图4.14.5所示。

（2）甲上右步举右拳从正面向乙的左胸部击来，如图4.14.6所示。

（3）乙见拳袭来，敏捷地抬起右臂掤起甲手臂化劲，如图4.14.7所示。

图4.14.5 拳势

图4.14.6 出击

图4.14.7 化劲

（4）在右臂掤捋之时，左臂屈肘下砸甲右臂，同时右掌变拳顺着甲的右臂猛击甲右胸部位，如图4.14.8所示。

（5）除按（4）中技法外，乙还可迅速反拿甲的腕关节将其臂折向里，然后左肘屈起下砸，如图4.14.9所示。

图4.14.8 砸臂击胸

图4.14.9 拿腕砸臂

第十五节 倒卷肱技击法

太极拳拳势的变化，不离阴阳交替，虚实互易之理。因此，在太极拳技击时就有“上法以手为妙，进法以足为奇”的妙论。所谓进法，有以进为进和以退为进。倒卷肱技击法就是以退为进、寓攻于守、退步进掌之拳势的典型代表，也是顺势成招的自然之法。

倒卷肱一式，是三面受敌，只有一条后退之路。正面来势凶猛，我先退让，以泄其劲，并在退中还要防左右两侧之敌。所以，退是避其锋芒，觅其空隙，乘虚进击。在运行时，是足随手起，手随足落。换形移步之时，承重之足转动足掌，微抬足尖，以足跟为轴心而动，不承重之足，则略抬起足尖与足跟，然后划弧而撤。退步时以腰的升降旋转，带动肩肘，再牵动双掌前后呼应，而且一掌前推，一手后挥，呈现出一虚一实、一前一后的阵式。

一、撤靠前推

（1）拳势介绍。肘底拳后，右拳变掌由下向上与左掌左外右里交叉相合于胸前，身体向左拧转，左脚向左后45度撤步，同时右手推掌前掤，左手下按至腹前，重心在右，如图4.15.1所示。

（2）甲上右步，出左拳凶狠地向乙胸部袭击，如图4.15.2所示。

（3）甲右腿上步于乙左腿内侧，乙见状，迅速地举左手掤住，但接手后感到对方劲力十足，所以马上用双手向上推挤甲手臂，准备后撤，如图4.15.3所示。

图4.15.1　拳势

图4.15.2　出手

图4.15.3　推挤化劲

（4）乙用左腿先勾一下甲的右腿后，趁甲身体稍向下蹲之时，右手坐腕前推甲胸部，左腿划弧后撤，左手离开甲手臂向后，如图4.15.4、图4.15.5所示。

图4.15.4　勾脚

图4.15.5　推出

二、拨腿击胸

（1）拳势介绍。拳法继续，重心右移，右手走下弧与左手对拉至身体两侧，然后身体左转，右手翻转走上弧线屈臂于右耳下侧，掌心向前，左手翻掌向上，如图4.15.6所示。

（2）乙在后撤时把甲前推后，丙（黑方）从乙的身体右侧抬左腿来攻，如图4.15.7所示。

（3）乙后撤右腿的同时，右手由下逆缠将丙的来腿向后拨去化劲，如图4.15.8所示。

（4）拨腿之后，乙马上身体左转，右手再顺缠向丙左胸推去，如图4.15.9所示。

图4.15.6　拳势

图4.15.7　提腿攻乙

图4.15.8　拨腿化劲

图4.15.9　推胸发出

在这一技法中，也适应于身体左转时的撤步，来应对左侧来袭。并且在撤步时，也可用所撤腿去横扫左右两侧的来敌，形成攻前防两侧之局。

三、先撤后攻

这一技法是对于进攻时，另一方在防御的基础上向后撤步，当对方产生漏洞时，立即反守为攻进行反击。

（1）甲乙双方相对而立，各出手准备应招，如图4.15.10所示。

（2）甲突然提右腿前击，乙迅速用左手下按其右腿并向后撤步，如图4.15.11所示。甲见第一次腿攻未成，又提左腿击来，被乙用右手下按化劲，如图4.15.12所示。

图4.15.10　准备应招

图4.15.11　按腿后撤

图4.15.12　右手下按

（4）甲随即又提右腿踢来，乙见甲气势已减，用左手采住甲右脚，同时身体左转，起右手推按甲胸部，甲因重心不稳和推按之劲向后倒，如图4.15.13、图4.15.14所示。

图4.15.13　采脚

图4.15.14　推胸

第十六节　闪通背技击法

《用武要言》讲：何为闪？何为进？进即闪，闪即进。在此要言中，简明扼要地讲解了闪与进的连带关系。这里所说的闪，就是"躲闪"，就是要避开对方的锋芒，不与对方正面交锋。要利用步法的移动，迂回到对方的侧面或后面，看准时机，找到对方相对薄弱的部位去攻击对方，让对方措手不及。

闪通背这一招式，就是循用武要言之哲理，通过右转掤，左退步捋，左转身捋，右转身掤，左进步挤，右采左按，退右步平挒等法，达到一招制敌的目的。

一、下捋绊腿

（1）拳势介绍。接上式，身体向左拧转，双手掤至体前。然后身体又向右拧转，右膝上领，双手坐腕，双肘相合于胸前。重心右移，身法下沉，双手后捋，如图4.16.1所示。

（2）甲从正面上右步出右拳向乙打去，乙待甲手到之时，右手向上格挡，如图4.16.2所示。

图4.16.1　拳势

图4.16.2　格挡

（3）同时，乙右手采住甲的右腕，左手粘住甲的肘关节处，左腿插入甲右腿内侧，如图4.16.3所示。

（4）随即乙右手顺势粘住甲右手腕向右下捋，左臂顺缠滚压下采，同时左腿当作支点使甲右腿受阻而向右跌出，如图4.16.4所示。

图4.16.3 采腕

图4.16.4 下捋滚压

二、插臂掤按

（1）拳势介绍。收左腿，双手划弧右捌，身体向右拧转，双手翻掌朝外，然后身体向左拧转，右脚尖里扣，双手走上弧线，左手至胸前，右手至右前上方，如图4.16.5所示。

（2）甲从正面右腿上步，双手抓住乙的双臂并向下施按，如图4.16.6所示。

（3）乙用右手从甲的左臂内将手臂外开，并将右手插在甲左臂的腋下，甲左手卡在乙的右肩处，同时乙左臂逆缠外翻，按于甲的右臂内侧，将甲来劲化空，如图4.16.7所示。

（4）乙松左胯，身体左转，左手顺缠下按甲右臂，而右手掤起向左挤，甲向左侧摔出，如图4.16.8所示。

图4.16.5 拳势

图4.16.6 抓臂

图4.16.7 插臂化劲

图4.16.8 右掤左挤

三、顶裆截喉

（1）拳势介绍。闪通背在定势时，插臂掤按结束时，身体右转，左手翻掌向上携左膝提起，左手掤至体前。右手下按至右胯外侧，身体向左拧转，左掌划弧下按至左胯旁，右掌顺缠翻掌向前上方穿出，指尖朝前，掌心向上，如图4.16.9所示。

（2）甲上右腿，用右手按挤乙肩部，如图4.16.10所示。

（3）乙用左臂向上掤起甲右臂，将来劲化空，如图4.16.11所示。

（4）同时乙右膝提起，顶撞甲裆部，左手顺缠翻腕向下猛按甲右臂，右手顺势顺缠向上穿出，直击甲的咽喉部，甲在下顶上击的劲力攻击下被制服，如图4.16.12所示。

图4.16.9　拳势

图4.16.10　挤肩

图4.16.11　掤臂

图4.16.12　顶裆截喉

第十七节　云手技击法

太极拳的“云手”，是太极拳中非常典型的招式。虽然看上去云手是简单的划圈，但它却体现了太极拳要求的“来，则顺势捋；去，则顺势发”“引进落空合即出”，以及虚实变化、上下相随等特色。这种两手交互轮回，是上下相随、一虚一实的灵活转换，也恰似勾画出一个完整的阴阳太极图。其上下的开合运转，就是最佳的攻防技击法。

一、托肘压掌

（1）拳势介绍。接上式，身体向左拧转，重心继续左移，同时右勾手变掌走下弧上托至胸前，左手下按，如图4.17.1所示。

（2）甲从正面出右掌向乙咽喉戳来，如图4.17.2所示。

（3）乙迅速身体左转，让过来掌之锋，右手上托住甲左肘，左手猛压甲手掌，形成反关节使甲被制服，如图4.17.3、图4.17.4所示。

图4.17.1　拳势

图4.17.2　截喉

图4.17.3　托肘

图4.17.4　按掌

二、右捋击肋

（1）拳势介绍。当左手在左胯前，右手在右前上方后，身体向右拧转，这时右手划弧由上向下，左手划弧由下向上。就在两手翻掌的同时，提右腿撤步或并步时，两手同向左合，如图4.17.5所示，这种合就为技击创造了条件。

（2）甲上右步举右拳向乙正面攻，乙左腿迅速向前上一步，举右臂将甲右臂向上挒，使来劲化开，如图4.17.6所示。

（3）乙身体向右转，粘着甲的右臂向右捋，同时乙左臂进手到甲右臂下，如图4.17.7所示。

（4）当甲受右捋后，身体重心前移的情况下，乙左臂猛然击打甲的右肋处后改肘靠，同时右手带着甲右臂向左推按，甲被发出，如图4.17.8所示。

图4.17.5　拳势

图4.17.6　出击

图4.17.7　右捋

图4.17.8　击肋

三、挒喉击裆

（1）拳势介绍。在云手招式中，两手的上下翻转，具有上护头顶下护裆的功效。所以，当重心左移的同时，右脚提起向左脚后并步或插步，这时左手顺缠翻掌心向左，而右手在下可护裆击裆，如图4.17.9所示。

（2）甲从正面过来，双手抓住乙的左小臂，如图4.17.10所示。

（3）乙左臂顺缠里合引化，然后掌根下塌，加大肘劲，如图4.17.11所示。

（4）掌根下塌之时，乙迅捷地提肘横向于甲的胸部，并右脚提起向左，在甲还未反应过来时，左臂横挒甲的咽喉或面部，同时右掌直击甲裆部，如图4.17.12所示。

图4.17.9　拳势

图4.17.10　抓臂

图4.17.11　引化

图4.17.12　挒喉击裆

四、左捋右挒

（1）拳势介绍。在云手中，技击中常用的技法是一靠、二捋、三挤、四挒。下面的例子，就是右云手时的一个技击方法，如图4.17.13所示。

（2）甲从正面上右步，举右拳向乙胸部击来，乙用左臂掤起外拨，将其劲化空，如图4.17.14所示。

（3）乙身体左转，左臂顺缠，顺势采住甲右腕向左捋，右臂向上于甲右腋下上挤，如图4.17.15所示。

（4）乙身体右转，用挒劲将甲发出，如图4.17.16所示。

图4.17.13　拳势

图4.17.14　掤起

图4.17.15　左捋

图4.17.16　右挒发出

第十八节 高探马技击法

在太极拳技击中，防守技术主要有直接防守和间接防守两种形式。直接防守又分为破根防守、逆势防守和格击防守三种。但最常用的是格击防守，它是当对方攻击即将实现时，用手臂及身体格击对方攻击的肢梢，使其偏离攻击方向而达到防守的目的。

高探马一招，源于宋太祖三十二式长拳中的“拦手刺法”。所谓高者，乃取对方上盘的手法之意。探马者，就是佯攻的“打探”之术，以正探为始，以斜探为终。如对方实而有防则止进，对方虚而无防则击之。所以此招式是施手用招、施招用手、上惊下取的经典拳势。

一、拿腕压臂

（1）拳势介绍。高探马开始之时，就采用了右手拿、左手搭的技法。云手招式后，身体向右拧转，左手上托至胸前，右手下按，两手形成合力，如图4.18.1所示。

（2）甲从正面举右拳向乙胸部攻击，乙右手向上抓住甲右臂手指，如图4.18.2所示。

图4.18.1 拳势

图4.18.2 抓指

（3）乙抓住手指后，迅速顺缠向上，使甲手腕呈反关节状，如图4.18.3所示。

（4）同时左手向上按在甲的小臂上方，立即下压里合，这时因甲手腕反关节被压而被制服，如图4.18.4所示。

图4.18.3　顺缠扭腕

图4.18.4　下压甲臂

二、击面踩脚

（1）拳势介绍。当走架到收右腿向右侧开步，同时双手左上右下划弧相合后，身体再先左后右拧转，重心右移，同时右手翻掌划弧后拉，左手前推，这时就是技击的开始，如图4.18.5所示。

（2）甲从乙的左侧过来，想攻击乙。这时乙已感知甲的来意，迅速抬起左臂减其来势。甲见状，双手推住乙左臂向前挤，如图4.18.6所示。

（3）乙见甲推臂向前，迅速粘着其手向下捋化，如图4.18.7所示。

（4）同时，乙右腿提起踩甲左脚，右掌向前直推甲面部，甲仰面退步，如图4.18.8所示。

图4.18.5　拳势

图4.18.6　掤臂

图4.18.7　捋化

图4.18.8　击面踩脚

三、缠臂旋体

（1）拳势介绍。当上式完成后，身体左转调正，左手收于腹前，手心朝上，右手顺缠向身体右前方探出，掌根与肩平，如图4.18.9所示。

（2）甲从乙的左侧上左步，用左手去抓乙的面部，乙迅速用左手拿住甲的手指，如图4.18.10所示。

（3）乙左臂先顺缠向上，引化甲之劲，到达右上方时，变逆缠，用手采着甲手腕，右手向上按于甲左肘处，如图4.18.11所示。

（4）然后乙粘着甲的左臂向下按，左手刁着甲的左手腕，右手突然松开甲左手，顺缠向上，用右手托着甲的左肘向下合，将甲向右侧摔出，如图4.18.12所示。

图4.18.9　拳势

图4.18.10　接手

图4.18.11　采腕按肘

图4.18.12　发出

第十九节　左右擦脚技击法

常言道：巧从熟生，灵从快生，刚生于柔，智生于急。太极拳技击，讲究的是巧夺天工，灵活机动，刚柔相济，智勇双全，自然沉着。在技击术的应用上要采用左引右进，上引下击之法；要以拿法为辅，腿法为导，纵横齐攻，低可撩阴，高可击面，充分发挥腿法在技击中的作用。在此基础上，要始终设法保持自己的重心，并设法破坏对手的平衡。利用对手出击或防御时产生的瞬间失衡之机，或借用对方之势，施加一点小劲，从而加速对手的重心偏移，使之倾倒或跌出。

左右擦脚是用腿制敌的一种技击方法。手由上向下击打，腿由下向上，就是上下形成一个合劲。但从实际上讲，用手向下是虚张声势，就是让对手在虚惊之时，下边用腿攻之，形成上引下进之势。

一、推肩踩脚

（1）拳势介绍。高探马后，身体向左拧转，右手划弧由上向下，左手翻掌上托。然后身体向右拧转，重心右移，同时左手携左腿提起，如图4.19.1所示。

（2）甲从前面过来用双手抓住乙的右臂上提，乙马上领着甲的双臂向下引化，如图4.19.2所示。

（3）在引化的同时，身体向右拧转，左手逆缠用手推压甲的肩关节，左膝提起后猛踩甲右脚面，甲在脚面疼痛难忍和肩部受击下身体向左侧歪斜而出，如图4.19.3、图4.19.4所示。

图4.19.1　拳势

图4.19.2　引化

图4.19.3　转体

图4.19.4　推肩踩脚

二、攻裆击头

（1）拳势介绍。经过双手划弧相合于胸前和盖步后，双手由胸前翻掌上架举至头顶，右腿脚面绷直上踢，同时双手向左右两侧由上向下击打，右掌迎击右脚面，如图4.19.5所示。

（2）甲从正面双手抓住乙的双腕，如图4.19.6所示。

（3）乙双手前撑，从下向上将甲双臂上掤，然后向两侧掤开，如图4.19.7所示。

（4）同时乙右腿上踢，去攻击甲的裆部，右手随之翻掌由上向下去击打甲的头部，甲被制服，如图4.19.8所示。

图4.19.5 拳势

图4.19.6 抓腕

图4.19.7 掤开引化

图4.19.8 踢裆击头

三、压臂踹膝

（1）拳势介绍。这是一个左擦脚上合下攻的技击实例。右擦脚后，右脚收回外摆，脚跟着地，同时双手左上右下划弧，同时双掌坐腕相合于胸前，随后左腿提起上踢，如图4.19.9所示。

（2）甲从正面出右手上前抓住乙的胸部，乙迅速地用右手按紧甲的右手，如图4.19.10所示。

（3）同时，乙左臂屈起，用小臂挤压甲的肘关节，甲身体左拧，如图4.19.11所示。

（4）甲身体左拧的同时，乙提左腿迅速踹压甲的右膝关节外侧，甲被制服，如图4.19.12所示。

图4.19.9　拳势

图4.19.10　抓胸

图4.19.11　下捋

图4.19.12　压臂踹膝

第二十节 左右蹬跟技击法

拳谚讲："手是两扇门，全凭腿踢人。""有拳无腿难取胜，有腿无拳难占先。身心一动脚手随，手脚齐到方为全。"这些拳谚对太极拳技击有极大的指导作用。就如上节的左右擦脚，两手打开后下腿才直入，充分体现了"手是两扇门"的真正含义。本节介绍的左右蹬跟，是左右擦脚技击术的发展，是腿法在技击中的高度展现。《太极拳体用全诀》论："左右蹬脚膝腹占，轻粘漫捩猛飞腿。""左蹬脚踢右蹬式，回身蹬脚膝骨迎。"这些拳诀指明了蹬跟的技击部位和所击的高度。

在左右擦脚技击中，腿的发劲是在腰的带动下，大腿领着小腿向上弹起，劲达脚面。蹬跟时，则与擦脚的发力有所不同。它是腿先提膝，然后才由屈到伸，劲达脚跟。并且所击高度以腰肋为限，不宜过高，否则易为人所制，不可不慎。

一、拿腕踹胯

（1）拳势介绍。接上式，身体向右拧转，双手变拳翻转划弧左外右内交叉相合于腹前，左腿屈膝上提，左脚向左侧快速蹬出，同时双拳对拉向身体左右两侧快速发力，如图4.20.1所示。

（2）甲从正面出右拳向乙的胸部袭击，乙右手迅速向上掤住甲右臂向右拨，如图4.20.2所示。

（3）同时，乙右手逆缠卡住甲小臂，同时左手刁住甲的右手，立即左臂逆缠翻臂与右手交叉，使甲手腕反关节受制，如图4.20.3所示。

（4）乙身体右拧，同时左腿屈膝提起，然后猛击甲胯关节处，甲身体向前趴地，如图4.20.4所示。

图4.20.1　拳势

图4.20.2　攻击

图4.20.3　甲腕受制

图4.20.4　转体踹胯

二、绊右踹左

这一技法，是根据上边的拳势，当身体向右拧转时，先将对方的一腿勾住掤起，再迅速去踹另一条腿的内侧，形成双腿被击。

（1）甲从正面出右拳去攻击乙的面部，乙抬右臂掤起化劲，如图4.20.5所示。

图4.20.5　掤起化劲

（2）乙立即身体右拧，同时用左腿勾住甲的右腿向上掤起，如图4.20.6所示。

（3）当甲右腿掤起之时，乙左腿向甲裆下左腿根部踹去，甲向左摔出，如图4.20.7所示。

图4.20.6　勾腿

图4.20.7　踹腿

三、左右开弓

当对方恶意攻击时，为了迅速制服他，可采用连续的蹬腿方法。

（1）甲用右拳气势汹汹地向乙胸部攻击，乙感知对方的来意后，在甲未近身之时，抬右臂将甲右臂掤住外拨化劲，如图4.20.8所示。

图4.20.8　外拨化劲

（2）同时，乙迅捷地提起左腿蹬击甲腰部，如图4.20.9所示。

（3）待左腿落地后，乙又马上提右腿去踹甲的裆部，甲被制服，如图4.20.10所示。

图4.20.9　左腿蹬

图4.20.10　右腿蹬

第二十一节　击地捶技击法

劲防八面，拳打四方。太极拳讲的是拳，用的是拳，“拳打脚踢”是太极拳技击的全面概括。在陈式太极拳套路中，具有五捶之论，但每捶各具特点，“拳”不相同。本节所讲击地捶，是五弓齐备之显露，张弓放箭之杀气，具有明三节、汇四招、贯五劲、聚六合之至善的意境。

一、引颈捶背

（1）拳势介绍。接上式，身体向右拧转，双手在体前翻掌划弧，然后双掌变拳，左拳由右向左走下弧线弯肘前掤，右拳走上弧线下击栽拳，如图4.21.1所示。

（2）甲从正面上右步举右拳向乙胸部攻击，乙抬右臂向上掤，然后粘着甲的右臂向下捋化，同时，乙出左手搭于甲的脖颈右侧，如图4.21.2所示。

（3）乙突然松去甲的右臂并向左甩去，同时左手勾住甲的脖颈右捋下按，如图4.21.3所示。

（4）在勾颈下按的同时，身体左拧，乙右手击打甲头部，使甲下栽，如图4.21.4所示。

图4.21.1 拳势

图4.21.2 捋化

图4.21.3 按颈

图4.21.4 击头

二、捌臂击腹

此种技击的拳势同上。它是利用左臂先合再捌，然后用右拳的坐腕劲去击打腹部。

（1）甲上右步从正面用双手按住乙双臂，如图4.21.5所示。

图4.21.5 双手抓臂

（2）乙迅速将左臂逆缠向上扣住甲

右臂，右臂逆缠向上里合住甲左臂，如图4.21.6所示。

（3）然后乙左臂粘着甲的右臂向上捌，右拳斜下击打甲小腹，甲受击坐地，如图4.21.7所示。

图4.21.6　扣臂里合

图4.21.7　捌臂击腹

第二十二节　踢二起技击法

太极拳技击法遵循阴阳之理，以“引化合发”为技击主旋律。技击中，由听劲感知对方来力大小及方向，然后“顺其势而变其路”将来力引空化去。每一拳势还要分“起、承、开、合”四术，做到连贯自如，轻灵柔顺，要开中寓合，合中寓开，达到“一动无有不动，一静无有不静”，在下即可得机，在上就能得势。踢二起技击法，是为了攻击较远距离的敌手，或改变自己的不利处境，遵上述“引化合发”之理，采用跳跃的腾空跌打方法，一技制敌。

一、肘拳击胸

（1）拳势介绍。击地捶后，双拳左上右下划弧相合于体前，然后身体右拧，重心右移，左脚尖里扣，双拳同时翻转，右拳屈肘上击，右臂伸展与左拳对拉至身体两侧，如图4.22.1所示。

（2）甲趁乙弯腰拾物之际，从背后用左手去抓乙左肩，如图4.22.2所示。

（a）肘击

（b）拳击

图4.22.1 拳势

图4.22.2 抓肩

（3）乙从身后来势的听劲中已有感知，在身法上领时身体右拧，右臂屈肘斜向上猛击甲右胸，如图4.22.3所示。

（4）乙身体继续右转，同时在两拳对拉中，右拳再突然下击甲胸部，如图4.22.4所示。

图4.22.3 起身运肘

图4.22.4 右拳下击

二、扫腿击胸

这个技击法的拳势与上边相同，其不同点是，身体右拧时，右腿勾住对方的左腿，然后再用肘击其胸。

（1）甲从乙的背后上右步于乙右腿内侧，双手抓住乙的双肩，乙迅速身体左拧引化，如图4.22.5、图4.22.6所示。

（2）乙左拧引化的同时，身体突然右转，用右腿向左绊击甲的右腿，右肘向甲胸部猛击，使甲后坐倒地，如图4.22.7所示。

图4.22.5　身后抓肩

图4.22.6　拧身化劲

图4.22.7　扫腿击胸

三、挑裆踢颌

（1）拳势介绍。拳法继续，身法上领，左腿跟步上跳，身体腾空而起，右脚跃步上踢，脚面绷直，右掌迎击右脚面，如图4.22.8所示。

图4.22.8　拳势

（2）当甲受到肘击或拳攻之后，还要负隅顽抗，上左步出左拳向乙的胸部袭击，乙迅速用右手将其左臂外拨化劲，如图4.22.9所示。

（3）同时乙提右腿向前上步，随即左腿随身体向上跳跃前踢甲裆部，如图4.22.10所示。

图4.22.9　拨臂化劲

图4.22.10　踢裆

（4）甲见乙踢来，马上撅臂俯身护裆，乙身体跃起，抬右腿向前去踢甲的下颔，如图4.22.11、图4.22.12所示，甲被击中而后仰倒地。

图4.22.11　跃起换腿

图4.22.12　踢领

第二十三节　护心拳技击法

在太极拳技击中，心为一身之主，心一动百骸动，心一静百骸静。并且心灵劲自活，招式随机变，技击时就能形神兼备、内外兼修，随心所欲，明理生妙，妙而显神，达到虚灵妙境，心之重要显而可见，所以，古时作战武将常穿护心甲来保护心脏。在太极拳格斗中，为了保护好心脏，就有了护心拳这一招法。

一、滚臂铲足

（1）拳势介绍。踢二起后，左脚先落地，右脚落地后迅速向前上步，同时双手相合翻掌前掤，然后身体左转，右手前掤，左手划弧下按至腹前，如图4.23.1所示。

（2）甲从正面出左拳攻击乙的胸部，乙迅速身体左转，用左手掤住甲的左臂向里挤，如图4.23.2所示。

图4.23.1 拳势

图4.23.2 掤臂

（3）同时，乙的右手掌按于甲的左大臂处，左手领着甲的左手向下捋，如图4.23.3所示。

（4）甲这时欲抽身后撤，乙右腿向前下铲甲的左脚，右手顺缠滚动甲左臂，甲在三重劲力下向前摔出，如图4.23.4所示。

图4.23.3 搭肩

图4.23.4 滚臂铲脚

二、拿腕肘击

（1）拳势介绍。接上式，左拳走上弧线前推上托至胸前，右拳下按后拉至右胯外侧，然后身体左拧，同时右拳由肋间划弧旋出屈肘于胸前，斜立肘向外发力，左拳里合至右肘下，如图4.23.5所示。

（2）甲从正面上右步，出右拳向乙胸部出击，如图4.23.6所示。

图4.23.5 拳势

图4.23.6 攻乙

（3）乙右手反拿住甲右手顺缠划弧向右下捋，左手变拳屈肘下击甲右大臂，如图4.23.7所示。

（4）甲见右拳攻击失败，左手向上去抓乙的左手，乙马上身体左转90度，同时翻腕拿住甲左手腕顺缠向下，同时右臂屈肘下击，甲被制服，如图4.23.8、图4.23.9所示。

图4.23.7 肘击

图4.23.8 甲抓手

图4.23.9 拿腕击臂

第二十四节　旋风脚技击法

《太极拳论》讲："其根在脚，发于腿，主宰于腰，形于指。由脚而腿而腰，总须完整一气。"此论是对"腰"主宰地位的高度概括。太极拳每一招式、每一动作，均是由腰轴转动，带动躯干运动，再由躯干转动带动下肢和上肢的运动。在下肢的表现是转腰旋骶，以骶带髋，以髋带膝，以膝带踝，以踝带脚，脚随腰转，劲根于脚。因此可以说，太极拳技击时活不活，全在腰腿转换，灵不灵，全在松腰通神。

陈式太极拳旋风脚这一招式，就是遵松腰之论用腿击法。但此式虽用腿法，却非蹬、非踢、非踹。因蹬、踢、踹都是对手在我前方，此则我从原来斜对面的形式，变为在对手的右侧，所以左手从对手的前面向左后发劲，又以左足从对手的后面向左前发劲，手足前后夹击，使之成为背势而以失败告终。

一、拿腕顶胸

（1）拳势介绍。接上式，双拳变掌翻转前掤，然后身体向左拧转，双手坐腕下捋至腹前。右腿屈膝提起，同时双手划弧刁托至体前，如图4.24.1所示。

图4.24.1　拳势

（2）甲从正面出右拳向乙面部袭来，乙身体迅速右转，右手拿住甲的右腕，左手按在甲右臂关节处向下捋，如图4.24.2所示。

（3）甲见右臂掤住不得机，随之左手从右臂上来抓乙左手，乙顺其来势，用左手采住甲左腕，如图4.24.3所示。

图4.24.2　拿腕下捋

图4.24.3　顺势采腕

（4）在下采的同时，乙右手挤按甲左臂肘关节处向下滚按，如图4.24.4所示。

（5）在滚臂时，甲会向后撤，这时乙左手领住甲左腕，右手推其左肘，同时乙左腿屈起顶撞甲胸部或踢其裆部，右手臂并向前推按其左臂，甲因受击而向后摔，如图4.24.5所示。

图4.24.4　滚按甲臂

图4.24.5　顶胸按臂

二、扫膝挒颈

（1）拳势介绍。拳法继续，经右脚外摆，身法下沉，双手相合后，身法上领，提左腿向右横扫，脚尖向上，同时双掌翻转向身体两侧分开，左掌迎击左脚内侧，如图4.24.6所示。

（2）甲受击后，看到乙向前走动时，紧步向前出右拳进行反扑，乙感知后，急速向右转身，用右手采住甲的左手，如图4.24.7所示。

（3）同时提起左腿向甲膝窝处或后腰处横扫，左手随势向甲脖颈猛捌，甲在左右夹击下后仰倒地，如图4.24.8所示。

图4.24.6 拳势

图4.24.7 右手采臂

图4.24.8 扫膝捌颈

第二十五节 小擒打技击法

在陈式太极拳技击中，拳无优劣，招无好坏，入化皆精，出神都妙。然而招不在多，而在熟、在变、在巧、在使。小擒打，也称小擒拿。在此技击法中，“拿”后而发，就是该技法的特征。在陈式太极拳中，依据缠丝劲的规律，一般顺缠多为拿法，逆缠多为打法。在技击时，不仅要“听”对方的来劲大小，并且还要观察对方的手足。

根据经验，对方的脚尖朝向和膝盖所向，预示着其进击的方位。这样，可以迅速地采用相应的技击方法来应敌。

一、合肘踢裆

（1）拳势介绍。接上式，双拳划弧，右拳上引至右前上方，左拳上掤至左胯前，然后左拳划弧上领，右拳走下弧线携右腿屈膝提起，双拳相合于胸前，如图4.25.1所示。

（2）甲上右步举右拳向乙胸部进攻，乙冷静地用右手掤住来攻之臂，如图4.25.2所示。

图4.25.1　拳势

图4.25.2　掤臂

（3）掤住来攻之臂的同时，乙用左拳直击甲右软肋，甲身体后撤，如图4.25.3所示。

（4）乙采住甲的右手指向下按，左手按在甲右臂肘关节处里合施压，同时乙左腿屈膝提起去蹬甲右腿或裆部，如图4.25.4所示。

图4.25.3 击肋

图4.25.4 合肘踢裆

二、拿腕采臂

（1）拳势介绍。接上式，右拳翻转拳轮下压于胸前，如图4.25.5所示。

（2）甲从正面上右步，用右手抓住乙的右手腕，如图4.25.6所示。

（3）乙在被抓腕的同时，左手按住甲右手向上划弧引化，右手缠住甲右小臂上向下施压，甲因手腕被拿而向后坐地，如图4.25.7、图4.25.8所示。

图4.25.5 拳势

图4.25.6 甲抓乙腕

图4.25.7　下压

图4.25.8　甲被制服

三、掤臂推胸

（1）拳势介绍。经左腿开步转体后，左手划弧至胸前，右手下按至右胯外侧。身体向左拧转，重心左移，双手相合后经胸前向左侧推出，如图4.25.9所示。

（2）甲上右步于乙左腿内侧，出右拳向乙面部进攻，乙双手向上掤住甲右臂，如图4.25.10所示。

图4.25.9　拳势

图4.25.10　掤臂

（3）乙身体右拧，右手逆缠采住甲的手腕向右下捋，如图4.25.11所示。

（4）这时，甲欲抽身后撤，乙突然身体左转，双手斜向上推甲的胸部，甲被推出，如图4.25.12所示。

图4.25.11　下捋

图4.25.12　推出

第二十六节　抱头推山技击法

陈鑫先生讲："推山何必上抱头，唯有劈顶据上游。转身抱首往前进，推倒蓬瀛盖九州。"从中可以看出，在此招式中，具有防前打后和防后打前之别。一是对付背后来敌，这就是"转身抱首"之论；二是双臂被控于上，则双手向下劈顶为上策。

在这个招式中，当手向前伸时，身体不能前伸，不能出圈，如手出圈，便失重心，身体往前倾倒。手向前推出时，肩胛骨的位置要放松。并且在发劲时，身法宜大，劲力宜长，轨迹走弧形，微向上发，拔身发出。

一、转身击打

（1）拳势介绍。接上式，经双手相合身体先左后右转，右腿开步，双手经头部两侧由上向下划弧屈肘至双耳下。这种开步及双臂屈肘，就是对付身后来敌的一种技击法，如图4.26.1所示。

（2）甲从背后双手抓住乙的左右肩向前推按，如图4.26.2所示。

图4.26.1 拳势

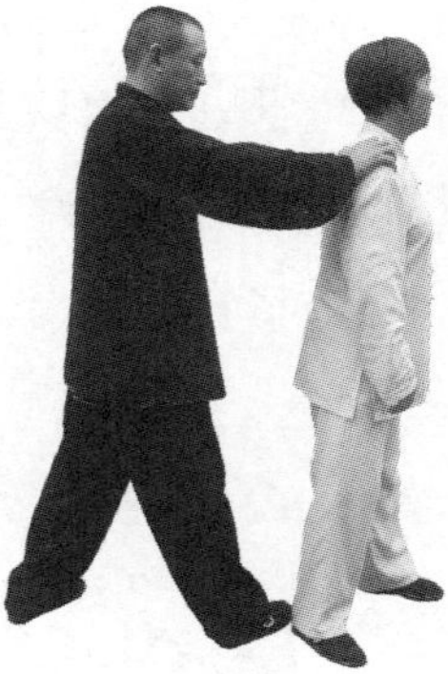

图4.26.2 背后抓肩

（3）乙松腰坐胯向下将甲来劲引空，如图4.26.3所示。

（4）随即乙身体右转，右腿后挂甲右腿，右肩靠，右肘撞，右臂挤甲胸部，甲向左跌出，如图4.26.4所示。

图4.26.3 沉身引劲

图4.26.4 挂腿击打

二、压臂前推

（1）拳势介绍。拳法继续，双手划弧向上，携右腿向右开步后，双手经头部两侧由上向下划弧屈肘至双耳下后，身体右转，重心右移，双掌经胸前立掌向右侧推出，如图4.26.5所示。

（2）甲从正面双手抓住乙左右两肩，乙见机身体右拧，身法下沉化劲，然后身法上领，同时双手逆缠划弧向上合于甲两臂外侧，如图4.26.6所示。

图4.26.5　拳势

图4.26.6　合臂

（3）乙右腿后撤一步，按着甲手腕沉身下采，如图4.26.7所示。

图4.26.7　下采

（4）沉身下采后，由于甲双腕被拿，身向后撤，这时乙顺甲之势，右腿上步，双手向前推挤甲双臂，甲后仰倒地，如图4.26.8所示。

图4.26.8　推出

第二十七节　前后招技击法

《拳经》云："招不熟无以为巧，功不到无以为好，身心不合无以为妙，机不知无以为奥。"前招后招，既有方位之异，又含技法之别。技击用招，就是掌握"粘、连、黏、随"四字。在与人交手时，不先取攻势，以黏柔之力，化去对方刚强之劲，待对方一击不中、图谋再举之时，然后蹈瑕抵隙随其势，反守为攻，后发制人。

前招后招，就是四面临敌，这时就要采用防三打一的"上捌下打用挒劲"的极效招法出招制人。

一、托按前挤

（1）拳势介绍。接上式，身体向左拧转，右勾手变掌顺缠上托于胸前，左手下按至体前，右脚尖外摆，双手在体前划弧前掤，在上托下按和右上左下中，就是技击法，如图4.27.1所示。

图4.27.1　拳势

（2）甲从正面上左步出左手向乙进攻，乙迅速用左臂掤起，如图4.27.2所示。

（3）同时，乙右手托于甲的左肘处向上，左手顺缠下采甲的左手臂，如图4.27.3所示。

图4.27.2　掤臂

图4.27.3　顺缠采臂

（4）当乙右手上托到手臂上面时，逆缠下挤右推，甲在手臂受制的情况下向右跌倒，如图4.27.4、图4.27.5所示。

图4.27.4　上托

图4.27.5　右推

二、捌臂推腰

（1）拳势介绍。双手在体前上托下按后，身体继续右转，重心右移，收左腿于体前呈虚步，双手右上左下外撑发力，如图4.27.6所示。

（2）甲上右步出右拳，向乙面部进击，乙举右手掤住甲右臂，如图4.27.7所示。

（3）同时乙右手逆缠抓住甲右腕，提右腿向前上步于甲右腿内侧，如图4.27.8所示。

（4）这时甲欲后撤，乙立即重心前移，左掌推住甲的右肋处发力，并且右手右捌，甲向右摔出，如图4.27.9所示。

图4.27.6　拳势

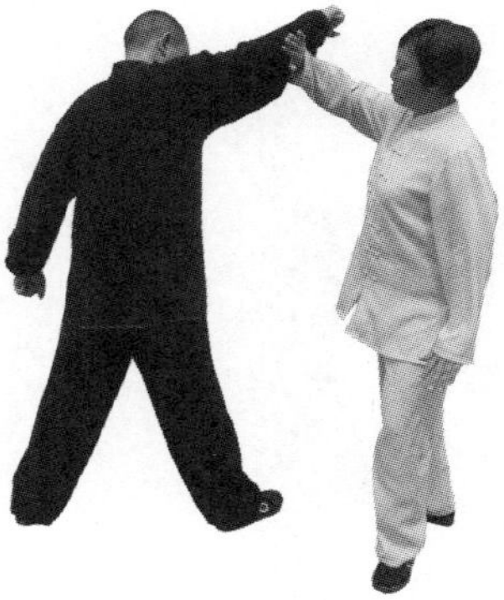

图4.27.7　掤臂

图4.27.8　上步

图4.27.9　捌臂推腰

三、掤臂靠挤

（1）这是后招的一种技击方法，其拳势动作与前招的相反，即收右腿于体前呈虚步，双手翻掌划弧，右手至右胯前，左手掤至左前上方，如图4.27.10所示。

（2）甲从乙的身体左侧上右步出右拳，向乙左肋发击，乙迅速后撤一步，用右手抓住甲右腕，左手按在甲肘关节处，上掤右引，如图4.27.11所示。

（3）同时，乙左腿套住甲的右脚，合住其小腿，随即乙左大臂逆缠进到甲右腋下，用肩靠臂推之劲和右手左推之劲将其发出，如图4.27.12、图4.27.13所示。

图4.27.10　拳势

图4.27.11　上掤右引

图4.27.12　缠臂套脚

图4.27.13　发劲击出

第二十八节　野马分鬃技击法

《太极拳十大要论》讲："太极拳者，千变万化，无往非劲。势虽不侔，而劲归于一。"并且此劲是"破之而不开，撞之而不散。上欲动而下自随之，下欲动而上自领之；上下动而中部应之，中部动而上下和之"。将太极劲法阐述得细入毫芒。

野马能分鬃，是向前奔跑时的表现，它有两种内涵：一是乘胜追击之法，二是被人追击的反击技法。此技法中具有远近之别。向前以穿靠、贴身靠劲为主，再者就是"野马分鬃攻腋下"的技法。

一、穿臂捌胸

（1）拳势介绍。接上式，身体右拧，右手上穿，左手向下后顺缠向上，形成上穿下托之式，如图4.28.1所示。

（2）甲从正面上左步于乙右腿内侧，并举左拳向乙头部袭击，如图4.28.2所示。

图4.28.1　拳势

图4.28.2　甲出击

（3）乙见状左手逆缠向上刁住甲左腕，同时乙身体左拧，左胸前突，右手由下从甲左臂下穿过，如图4.28.3所示。

（4）同时乙右臂前伸后挒将甲发出，如图4.28.4所示。

在这种技法中，还有一种，就是乙从甲左臂下穿过，然后用肩靠、臂挑和右挒之劲将甲发出，如图4.28.5所示，体现了技击法的多样性和灵活性。

图4.28.3 拧身穿臂

图4.28.4 后挒

图4.28.5 靠挑挒发

二、挂臂外挒

上边是靠胸和挒胸的例子，下边是一种挂臂的技击做法。

（1）甲从正面上右步举右拳向乙胸部攻击，乙见对方出手快而重，迅速用右手上掤住甲右臂，如图4.28.6所示。

（2）同时乙向右上步，右手由上向下翻手变逆缠划弧，左手随势采住甲右手，如图4.28.7所示。

图4.28.6　掤臂

图4.28.7　上步采手

（3）乙右手臂从甲右臂下穿过，右手顺着甲的右臂向上到右腋下，然后小臂弯曲向上，甲右臂犹如挂在钩上一般。小臂弯曲后，立即身体右拧，右臂外挒，将甲发出，如图4.28.8所示。

图4.28.8　挂臂外挒

如果乙右手顺着甲的右臂不到腋下，而是在大臂的偏上处时，左手向前推挤甲的右腕，右手右挒甲大臂，甲右臂就会被折断。

第二十九节　玉女穿梭技击法

《太极拳论》讲："太极者，无极而生，动静之机，阴阳之母也。动之则分，静之则合。无过不及，随屈就伸。人刚我柔谓之走，我顺人背谓之粘。动急则急应，动缓则缓随，虽变化万端，而理为一贯。"此论是指导太极拳技击的行动纲领，是技击法则。据此法则，只要技击，就是制约与反制约。制约谓之攻谓之动，反制约谓之守谓之静。所以动静之机，就是能攻善守，攻守平衡者方能所向无敌。

如果把野马分鬃看作是向前摆脱追击的一种招式，玉女穿梭则是突破合围的技击方法。在运用时，蹬、推、肘、靠等法兼使并用，达到上纵如飞燕穿脊，轻灵自然；震脚如炸雷贯耳，沉重如山；前跃似离弦羽箭，急如流星；转身如平地旋风，其快无比。

一、上托下摔

（1）拳势介绍。接上式，右勾手变掌走下弧线，左手合于右小臂中段，然后双手划弧向下呈下按状，旋腰转背，双手快速翻掌上托，携双脚一起向上跃起，左右脚依次落地下震，同时双手翻转下按于腹前，如图4.29.1所示。

图4.29.1　拳势

（2）甲从正面用双手抓住乙双臂的大臂，乙身体迅速向下引化，如图4.29.2所示。

（3）瞬时，乙身体向左拧转，身体向上，同时双手顺缠托住甲双臂的腋窝处，并携右腿和甲提起向上，如图4.29.3所示。

图4.29.2　抓臂

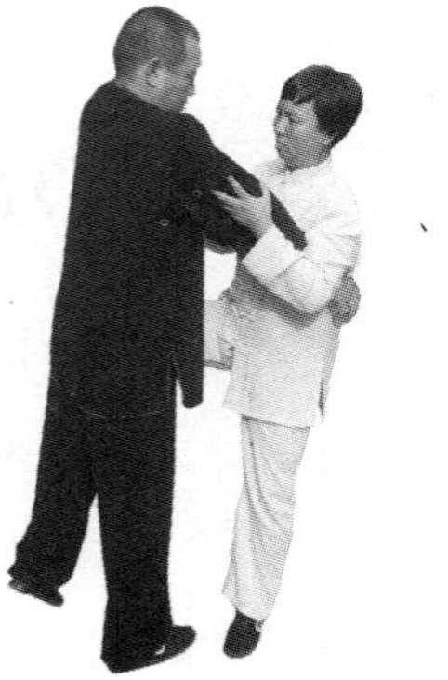

图4.29.3　提膝托体

（4）乙左脚跟离地后，双手逆缠按于甲大臂根处，突然身体向下，甲随右腿震脚落地，这时甲落地后，乙用双手前推甲胸发出，如图4.29.4、图4.29.5所示。

图4.29.4　下落震脚

图4.29.5　前推发出

二、推掌踹腹

（1）拳势介绍。拳法继续，两腿落地后，双手划弧相合于胸前，身体左转，同时左臂屈肘后击，右掌前推，同时右腿提膝前踹，如图4.29.6所示。

（2）甲从正面上右步，双手抓住乙双臂，如图4.29.7所示。

图4.29.6　拳势

图4.29.7　抓住双臂

（3）乙双手从甲双臂中向上将其两臂掤开，立即再将甲双臂合住上托，如图4.29.8所示。

（4）然后乙身体左拧，左手粘着甲的右臂向左后挒，右手向甲下巴前推，同时右腿提起顶裆或踹小腹，如图4.29.9所示。

图4.29.8　合臂上托

图4.29.9　推掌踹腹

三、旋体击颈

（1）拳势介绍。拳法继续，收右腿向前跨步前跃，经身体右转、左旋、左腿上步、双手划弧等动作后，右腿后撤，身体右转180度，同时右手划弧前推，如图4.29.10所示。

（2）乙将甲踹腹后逃窜，丙（黑方）又从前面来攻。乙为了突破重围，跨步跃起旋体向前，直至丙身体右侧，突出左拳直击丙胸部，如图4.29.11所示。

图4.29.10　拳势

图4.29.11　左拳击胸

（3）丙见势向后退步，乙身体向右旋转180度，右肘猛击丙的胸部、颈部或脸部，丙败退，如图4.29.12、图4.29.13所示。乙转身后，也可用右掌去推丙的胸部，如图4.29.14所示。

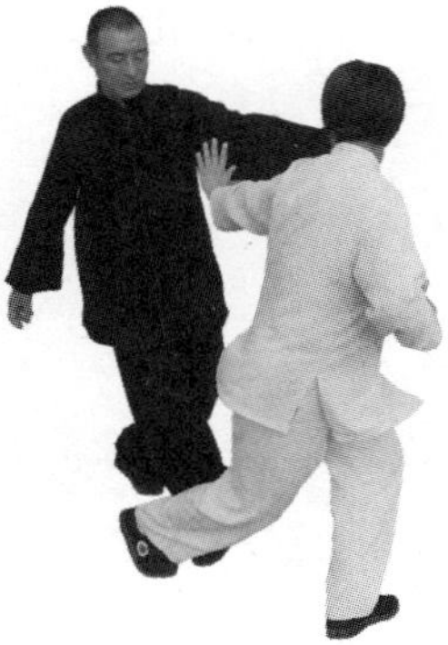

图4.29.12　右转

图4.29.13　肘击

图4.29.14　推胸

第三十节　摆脚跌叉技击法

兵法有云：兵无常势，水无常形。摆脚跌叉，内含两种类别：一是摆脚，二是跌叉。摆脚是右腿外摆，手向内捋，形成横向剪切力；跌叉是左腿前铲，身法下沉，左手随腿向下右手对拉向上，呈竖向的跌叉状。一横一竖是对敌的有效技击。跌叉之术，隐有二人搂抱倒地，或是遇到身高对手或作战地势呈起伏状，形成地面的低位之战，所以在摆脚跌叉中，应按《用武要言》中“击其不备，袭其不意，乘击而袭，乘袭而击，虚而实之，实而虚之，避实击虚，取本求末”“出遇众围攻，如生龙活虎之状，逢击单敌，似巨炮直轰之势”，依情选术，灵活妙用，不可执一不变。

一、扫膝击颈

（1）拳势介绍。接上式，身体左拧，重心左移，双手在体前翻转划弧，然后右左腿各向前上步，右腿提起由左向右摆动，同时双手则由右向左拍打右脚面，如图4.30.1所示。

（2）甲从乙的左前方上右步，用右手抓住乙的左肩，如图4.30.2所示。

图4.30.1　拳势

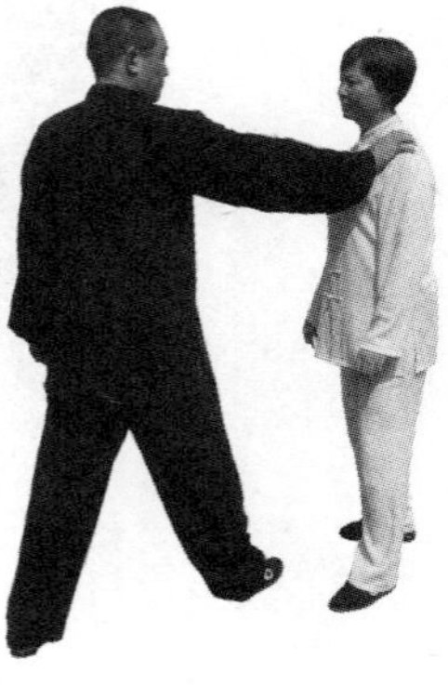

图4.30.2　抓肩

（3）乙迅速身体左拧，同时用左臂按压甲的右臂向下滑脱，如图4.30.3所示。

（4）同时，乙右腿提起向右横扫甲的腰部或右腿膝窝处，右手随势向左横击甲的脖颈，甲向后倒地，如图4.30.4所示。

图4.30.3　转身压臂

图4.30.4　扫腿击颈

二、引臂击颔

（1）拳势介绍。拳法继续，身体向右拧转，右脚下震落地，同时双手左上右下变拳交叉合于胸前，如图4.30.5所示。

（2）乙摆脚后，左手向左，这时甲又从乙的左侧上右步，用双手抓住乙的左臂，如图4.30.6所示。

（3）乙立即粘着甲双臂向右引化劲，如图4.30.7所示。

（4）同时乙用右拳从甲双臂中向上，直击甲的下颌，右腿提起踢裆，甲后仰退出，如图4.30.8所示。

图4.30.5　拳势

图4.30.6　双手抓臂

图4.30.7　右引化劲

图4.30.8　下踢上推

三、架腿铲踝

（1）拳势介绍。拳法继续，身法下沉，右腿合蹲，收左腿向左铲出，同时双拳左下右上划弧分至身体两侧，目视左侧，如图4.30.9所示。

（2）甲因乙击其下颌而恼羞成怒，又从正面提右腿向乙进攻，乙身体左拧，右臂屈起护脸，左手逆缠向上托住甲的右腿，如图4.30.10所示。

图4.30.9　拳势

图4.30.10　托腿

（3）甲见右腿不能发挥作用，又出右拳向乙进攻，乙迅速地用右手采拿住甲的右腕下捋，如图4.30.11所示。

（4）同时乙右腿合劲下蹲，左脚向前铲蹬甲的左踝关节处，左臂上翻甲右腿，甲在架腿、右捋下采及身体合劲的作用下向右方跌出，如图4.30.12所示。

图4.30.11　采腕下捋

图4.30.12　铲踝翻腿

第三十一节　金鸡独立技击法

《拳经》中有："金鸡独立颠起，装腿横拳相兼。抢背卧牛双倒，遭着叫苦连天。"《太极拳体用全诀》中说："金鸡独立随势起，撩撞闭踢任我为。"《全体大用诀》中说："金鸡独立占上风，提膝上打致命处，下伤二足难留情。"

金鸡独立一式，巧借跌叉之势，一手上托，一手下按，一腿屈膝提起，一腿支撑独立，形若波澜，气势跌宕，具有吞吐汪洋之气魄，八面支撑之雄姿。

一、跌引击颌

（1）拳势介绍。上随跌叉之招，身法上领，身体左转90度，左脚尖外摆，重心左移，同时左拳冲拳上领，右拳随体转划弧收腰间，如图4.31.1所示。

（2）甲从正面上右步，左手抓住乙的右臂横于胸前，如图4.31.2所示。

图4.31.1 拳势

图4.31.2 抓手

（3）乙感知对方按劲较大，立即粘着甲左臂向下引化，同时右腿屈蹲，左腿向前铲出，如图4.31.3所示。

（4）甲上身前倾，欲向后撤，这时乙两腿相蹬，身体上领，左手握拳前冲直击甲的下颌或胸，甲后仰倒地，如图4.31.4所示。

图4.31.3 下引铲足

图4.31.4 击颌

二、下顶上推

（1）拳势介绍。紧接冲拳击颌后，身体先左后右拧转，双拳变掌，左掌下按至左胯外侧，右掌翻转伸臂上托至右上方，同时与右膝一起上顶至与胯平，如图4.31.5所示。

（2）甲从正面上右步出右拳向乙胸部击来，乙迅速用左臂从甲右臂外逆缠下引，如图4.31.6、图4.31.7所示。

（3）同时，乙右腿屈膝顶撞甲裆部，右拳向上前击甲的面部，甲后仰跌出，如图4.31.8所示。

图4.31.5　拳势

图4.31.6　出击

图4.31.7　逆缠下引

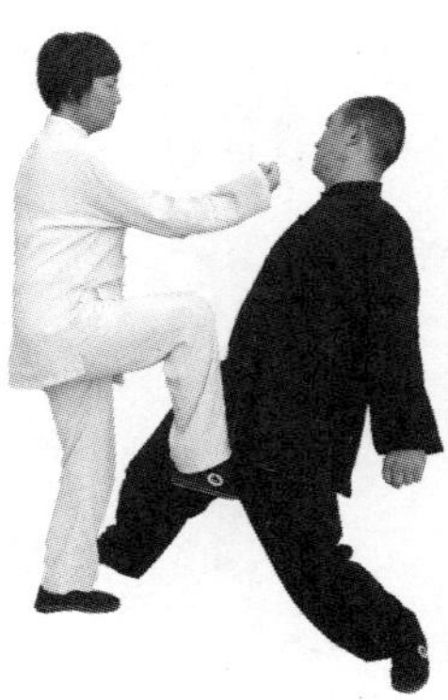

图4.31.8　撞裆击面

上述例子是左独立式，对于右独立式，可将上边的左右手和左右腿的动作换为右左手和右左腿即可，此处不再举例。

第三十二节　十字脚技击法

太极拳技击，须身法灵活善变，手法便捷快利，脚法轻健稳固。进退得宜，起落攻防，灵活自如；颠起倒插，是其妙；披劈横拳，是其猛；活捉朝天，是其快；知当斜闪，是其柔。见景生情，随机而变，则是制胜的法宝。

十字脚之名，具有三大拳架之形：下是弹腿拍手相交合十，上是左右手相合圆掤，中是横臂竖肘相合交加。所以该拳势以十字命名，实是金蛟剪复出，就是赵公明再生也难逃十字脚技法之劫数。

一、合手绞臂

（1）拳势介绍。接上式，双手左上右下划弧相合于胸前，然后右手翻掌划弧，左下右上分于体前，如图4.32.1所示。

（2）甲从正面上右步，出左拳直攻乙胸部，乙马上举左手上掤下引，如图4.32.2所示。

图4.32.1　拳势

图4.32.2　上掤下引

（3）甲见左手被引，又出右拳击胸，乙又迅速地出右手掤住，如图4.32.3所示。

（4）同时，乙右手向上，左手向下绞扭甲双臂呈十字形，随着甲的重心被破坏，被向右绞出，如图4.32.4所示。

图4.32.3　掤右手

图4.32.4　绞臂

二、拿腕踹腿

（1）拳势介绍。拳法继续，身体左转，重心右移，提左腿向左前方45度上步，同时双手左上右下划弧于体前，如图4.32.5所示。

（2）甲右手从乙的右侧上前抓住乙的右臂向下推按，如图4.32.6所示。

图4.32.5　拳势

图4.32.6　抓臂下按

（3）乙右手迅速逆缠拿住甲的右腕，猛然向上挤按甲的右臂，再突然向下引，如图4.32.7所示。

（4）甲欲后撤时，乙迅速地向右转体，用左肘横向推挤甲的右臂，同时，提左腿去踹甲的左腿或踢裆部，甲向左跌出，如图4.32.8所示。

图4.32.7　上挤下引

图4.32.8　挤臂踹腿

三、引臂击眼

（1）拳势介绍。身体向右拧转，左手上托，右手下按。然后身体向左拧转，重心左移，左手经膝前划弧，右手翻掌走上弧线至体前上方，如图4.32.9所示。

（2）甲从乙的左侧上步，用双手抓住乙的左臂，如图4.32.10所示。

图4.32.9　拳势

图4.32.10　抓臂

（3）乙粘着甲的双臂向右捋，同时右臂举起，由右向左直击对方眼睛，甲松手解脱，如图4.32.11、图4.32.12所示。

图4.32.11　捋化

图4.32.12　击眼

四、按手剪腰

（1）拳势介绍。拳法继续，身体先左后右转，右脚随转体由下向上、由左向右做扇形外摆，同时左手掌下压里合，迎击右脚面，如图4.32.13所示。

（2）甲从乙的身体后面出左手抓住乙的左肩，如图4.32.14所示。

图4.32.13　拳势

图4.32.14　抓肩

（3）乙身体稍右拧，甲迅速地用左手按住乙的左手，乙提右腿于甲左腿的后边，如图4.32.15所示。

（4）同时乙右腿向前扫绊腿，右手猛力向后挤按甲胸部，使其跌出，如图4.32.16所示。

图4.32.15 按手上步

图4.32.16 绊腿按胸

五、左推右扫

该技法的拳势同“按手剪腰”，是利用扫腿和摆手的反向运动来制服对手。

（1）甲从正面上右步，出左拳去攻击乙的胸部，如图4.32.17所示。

图4.32.17 出击

（2）乙举左手上掤，并同时向左引化，如图4.32.18所示。

（3）与此同时，乙右腿向前由左向右横扫甲右腿，右手向左挒甲的左腋窝处，甲倒地，如图4.32.19所示。

图4.32.18　上掤

图4.32.19　扫腿左挒

第三十三节　指裆捶技击法

拳谚说："气合则聚，劲合则刚。"所以在太极拳技击中，只要发劲，必是先合后发。发劲时目注对方，敛气凝神，坐腰松胯，气贴脊背，曲中求直，贯于肢体，直达肢端，如枪弹出膛，羽箭离弦。但话有来回，无功招法皆空，无招则功不致用。招不熟无以为巧，功不到无以为精。所以太极拳技击，必须是功精、招湛才能无往而不胜。

指裆捶，与掩手肱拳为同类技法，发拳时是逆缠而出，是击打裆部和腹部的一种技击方法。

一、左靠右按

（1）拳势介绍。十字脚后，身体向右拧转，右腿落地下震，同时双手左上右下交叉相合于胸前，然后重心右移，提左腿向左前45度上步，双手外撑，如图4.33.1所示。

（2）甲从正面上右步用双手抓住乙的双臂向下按，乙顺其势向下引化，如图4.33.2所示。

图4.33.1 拳势

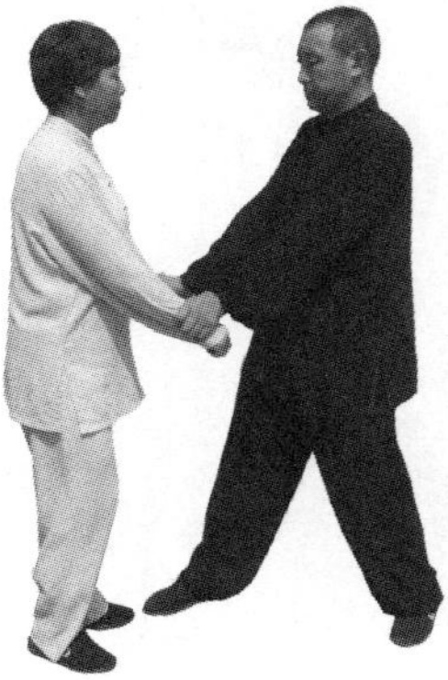

图4.33.2 下引

（3）同时，乙随即粘着甲双臂向两侧引化，左腿上步于中位，如图4.33.3所示。

（4）乙身体突然右转，左臂向上掤起甲右臂，右臂向右下挤按甲左臂，甲向左侧身而出，如图4.33.4所示。

图4.33.3 引化

图4.33.4 挤按发出

二、拳击裆腹

（1）拳势介绍。拳法继续，当两手相合后，两手由下向上分开再合，这时身体左转，同时左掌变拳屈肘后击，右拳向前下方出击，如图4.33.5所示。

（2）甲从正面上右步出右拳向乙袭击，如图4.33.6所示。

（3）乙迅速抬起左手捌住下引，并立即向左转体，如图4.33.7所示。

（4）乙随转体右脚占据中位，同时右拳向前直击对方裆、腹部，甲向后跌出，如图4.33.8所示。

图4.33.5　拳势

图4.33.6　出击

图4.33.7　下引转体

图4.33.8　拳击裆腹

第三十四节　白猿献果技击法

在技击中，与对方交手，不知对方技艺高下，进恐冒险，必先引手，设式以待，静观对方所出手法步法如何，然后确定攻取方法。并且发劲之机要达到“拳打人不知，拳打人不防”的效果，攻则势如破竹，守则密不透风。白猿献果技击法，是以“献”为进，隐伏杀机，技高妙绝的击法。此招是以“果”为拳，以“捋”为献，捋到右膝上方后，转身提膝，右拳顺缠而起，用“果”击打胸、颌、鼻、眼等部，达到“献果”之实。

一、掤臂肘击

（1）拳势介绍。指裆捶后，身体向左拧转，重心右移，左脚尖外摆，右手上捋掤起，左手里合抵左腹间，肘尖外摆，如图4.34.1所示。

（2）甲从乙的右侧上右步，用右手抓住乙的右腕，如图4.34.2所示。

图4.34.1　拳势

图4.34.2　抓腕

（3）乙右腕被抓，迅速带着甲的右手向右上引化，但这时肘应朝下，以防胸部被击，如图4.34.3所示。

（4）同时乙向右前上一步，身体调于甲右后侧，并用左肘击打甲右后背处，甲被击出，如图4.34.4所示。

图4.34.3 引化

图4.34.4 肘击肋

二、撞裆冲颌

（1）拳势介绍。拳法继续，身体向左转重心左移，右腿屈膝上提，同时双拳划弧旋转，右拳顺缠上冲，左拳旋于胸前，目视右前方，如图4.34.5所示。

（2）甲从正面上右步，举右拳向乙心口击来，乙见状，立即用左手格挡内拨，如图4.34.6所示。

（3）同时左手逆缠旋转，用左掌托住甲的右臂向下引，如图4.34.7所示。

（4）甲欲退之时，乙左手突然顺缠，抓住甲的右臂向下按，同时右腿提起撞击甲的裆部，右拳上冲击打甲的下颌，甲后仰跌出，如图4.34.8所示。

图4.34.5　拳势

图4.34.6　格挡内拨

图4.34.7　下引

图4.34.8　撞裆冲颔

三、下压前推

（1）拳势介绍。拳法继续，身体左转，双拳变掌，走下弧捋至身体两侧。然后身体右转，双手划弧经双耳下收于胸前。重心右移，双手向体前下按，如图4.34.9所示。

（2）甲从正面用双手抓住乙双肩，如图4.34.10所示。

（3）乙上身稍后仰发一弹抖劲，使甲来劲化空。同时双手掌心向上，举至与肩平后，再掌心相对，向下猛压甲双臂，如图4.34.11所示。

（4）在甲身体受按前倾之时，乙双手逆缠，掌心向前，推按甲的胸部，甲身体后仰跌出，如图4.34.12所示。

图4.34.9　拳势

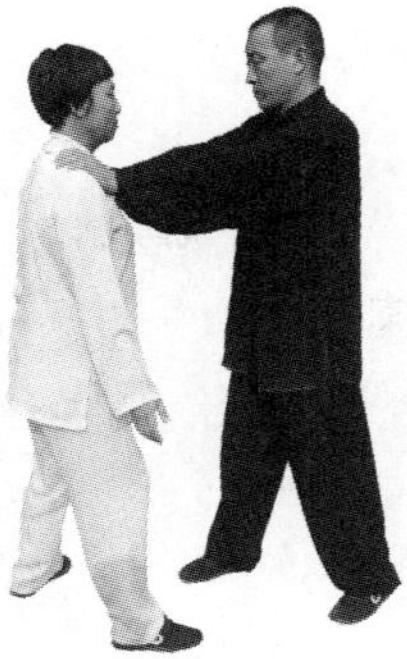
图4.34.10　双手抓肩

图4.34.11　合臂下按

图4.34.12　推胸

四、蹬腹推头

本技法拳势同上，但这一技法是该招式的变异做法，更具白猿献果的招式特征，供大家鉴赏。

（1）甲与乙势不两立，见乙从对面走来，随起不良之心，猛然举右拳跑步向乙胸部冲击，如图4.34.13所示。

（2）乙见甲来攻，迅速向前上步，并用左手先将甲右臂外拨化劲，同时用右手拍打甲的面部，提起右腿蹬击甲腹部，如图4.34.14所示。

（3）右腿下落，提左腿向前上步，出左手向前推挤甲的头部或面部，甲应声后倒，如图4.34.15、图4.34.16所示。

图4.34.13　拳势

图4.34.14　拍面蹬腹

图4.34.15　右腿下落

图4.34.16　上步前推

第三十五节　雀地龙技击法

陈照奎先生强调太极拳的身法要“裆走下弧”，雀地龙一招就是裆走下弧的经典拳法。演拳之法，身体要灵，体灵则跳跃必便；步数要清，步清则进退不乱；手腕要活，手活则变化无穷；臂膀要伸，臂伸则手可及人。

雀地龙这一招法，乃是下盘腿法，一种不招不架的用法，“跟落指悬神化用，轻浮坚固步中玄”就是对这一技法的经验总结。

一、击裆撞胸

（1）拳势介绍。上接单鞭，身体右拧，双手变拳，左上右下翻转划弧。然后身体向左拧转，左拳顺缠至胸前，右拳顺缠走下弧至右膝上方，如图4.35.1所示。

图4.35.1　拳势

（2）甲从乙的左侧用双手抓住乙的左臂，乙迅速地顺其势向右捋去，如图4.35.2所示。

（3）同时乙右拳由右向左直击甲裆部，左肘撞打甲胸部，甲受击后坐，如图4.35.3所示。

图4.35.2　抓臂右捋

图4.35.3　拍裆击胸

二、采腕滚臂

（1）拳势介绍。拳法继续，身体向右拧转，重心右移，双手左下右上划弧分开。同时身法下沉，双拳划弧对拉至身体两侧，如图4.35.4所示。

（2）甲受击后，又起身上右步，出右拳向乙的左肋击来，乙立即左腿上步占中位，用右手掤住甲的右臂，如图4.35.5所示。

（3）乙右手顺缠采拿住甲的手腕向右捋，左小臂挤按在甲的肘关节处，如图4.35.6所示。

（4）同时，乙右腿屈膝向下，右手向内拧转甲右臂呈反关节，左臂顺缠滚动，使甲向右前跌出，如图4.35.7所示。

图4.35.4　拳势

图4.35.5　上步掤臂

图4.35.6　采腕右捋

图4.35.7　扭腕滚压

三、闪身捌体

本招法所用拳势同上。

（1）甲从正面用双手抓住乙的双臂，如图4.35.8所示。

（2）乙知来势凶猛，上身稍向后仰，并粘着对方双手向上掤起，将来劲引化，如图4.35.9所示。

（3）在乙后仰之时，身体突然向右闪转右挒，右手由左向右翻转，左手随势推住甲的右腋下，甲身体向乙的右前旋出，如图4.35.10所示。

图4.35.8　抓臂

图4.35.9　后仰化劲

图4.35.10　闪身右挒

四、踹膝击耳

本招法所用拳势同上，但在这一招法中，将身法下沉改为左腿踹击对方的右膝关节。

（1）甲从正面上右步，出右拳向乙攻击，如图4.35.11所示。

（2）乙见状，马上采住甲的右腕，提左腿踏在甲的右腿膝盖之上，

图4.35.11　拳势

阻止甲的进攻，如图4.35.12所示。

（3）同时，乙用左手将甲右手向外拨开，右拳直向甲的左耳击去，甲向右跌出，如图4.35.13所示。

图4.35.12　上步踩膝

图4.35.13　拨臂击耳

第三十六节　上步七星技击法

戚继光的《纪效新书》中有口诀“七星拳手足相顾，挨步逼上下提笼”，还有“上步七星架手势”的妙语。从这些精旨妙谛中可以看出，阴阳开合是定义，手足相顾是拳魂，两拳相合是招数，上步紧逼是锋针。再一次揭示了“施手用招、施招用手”这一技击法在上步七星中的经典用法。

在上步七星技击法中，首先要利用好双手相合的“十字手”法，配合头、肩、肘、手、胯、膝、足这些攻防体位，顺势而发，达到“攻防手法十字变，十字变化无穷尽”的技击效果。

一、领身冲颌

（1）拳势介绍。上接雀地龙，身体左转，左脚尖外摆，重心左移，身法上领，左拳上冲，右拳收至腰间，如图4.36.1所示。

（2）甲趁乙身体下蹲之时，从左侧上左步出左拳攻击乙的头部，如图4.36.2所示。

图4.36.1　拳势

图4.36.2　击头

（3）乙见状，身体上领，从容地用右手采拿住甲的左腕向右上捋，如图4.36.3所示。

（4）同时，乙左拳顺缠直冲甲的下颌，甲受击后仰跌出，如图4.36.4所示。

图4.36.3　采腕上捋

图4.36.4　冲颌

二、击肋勾腿

（1）拳势介绍。拳法继续，左拳上冲，右拳收至左肘的同时，右腿回收于体前，这就是拳腿相随的技击法，如图4.36.5所示。

（2）甲从乙的左侧上右步，出右手抓住乙的左手腕，乙左手领着甲的右手向上引，如图4.36.6所示。

（3）同时，乙右手从甲右臂下穿过至腋下，右腿同时提起至甲右腿后，并勾住甲右腿向前带起，右肩用靠劲于甲右肩处，甲失重而后仰倒地，如图4.36.7、图4.36.8所示。

图4.36.5　拳势

图4.36.6　上引化劲

图4.36.7　插臂上步

图4.36.8　勾腿靠肩

三、合掌推胸

（1）拳势介绍。拳法继续，身法保持不变，左拳里合，右拳上穿，双拳左里右外交叉相合，并掤于胸前，然后双拳下沉里合，经腹前缠裹一周后，双拳变掌交叉至胸前，如图4.36.9所示。

（2）甲从正面上右步，用双手抓住乙的双臂，如图4.36.10所示。

图4.36.9　拳势

图4.36.10　抓双臂

（3）甲双手抓臂后，乙迅速带双臂向下引化，再突然上左腿向甲的胸前挤压，如图4.36.11所示。

（4）甲向后退步，乙立即身体左拧，右腿上步，用右肘击打其胸部，再突然双拳下沉，缠裹一周后双拳变掌前推其胸部，甲向后跌出，如图4.36.12、图4.36.13所示。

图4.36.11　上步

图4.36.12　上步击打

图4.36.13　双掌推胸

第三十七节　下步跨虎技击法

在太极拳技击中，有进就有退，这是自然规律。本节下步跨虎，因对方攻击骤然，来不及还手用招，这时就要避其锋芒，以退为守，是一招“以走制敌”的方法。但在退步时，不是为退而退，不讲原则，不讲退法。而要以《全体大用诀》的“下步跨虎闪正中”之法去退。也就是通过拧转腰胯，弧形撤步，将正中点闪开，以迂为直，顺势斜向撤步闪身，以引化改变对方来劲的方位，使其全身之劲落空，然后乘对方之来势，伺机对其疾速而进击，便可一击而胜之。

一、下扫上推

（1）拳势介绍。接上步七星，身体右转，同时左掌下按，右掌前掤，如图4.37.1所示。

（2）甲从乙的右侧上左步，用双手抓住乙的双臂，如图4.37.2所示。

图4.37.1　拳势

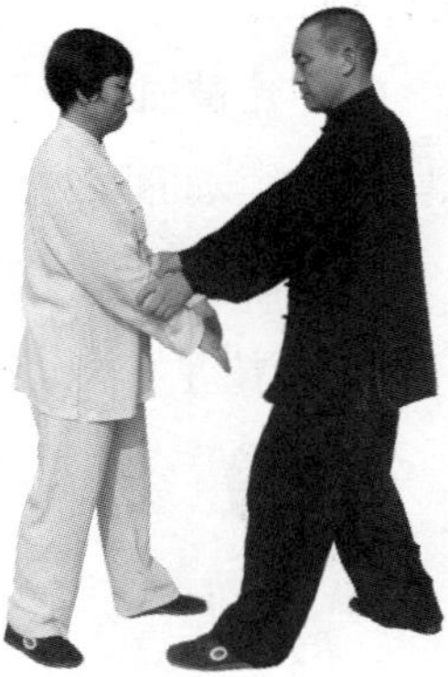

图4.37.2　抓臂

（3）乙在甲抓臂后，两臂迅速向外掤开，再突然变横向上，引化和迷惑对方，如图4.37.3所示。

（4）然后乙左手带着甲右臂向下按，使甲身体稍前倾，右掌前推其胸，甲因重心失稳跌出，如图4.37.4所示。

图4.37.3　外掤

图4.37.4　前推

二、转体右捌

（1）拳势介绍。拳法继续，身体右转不停，重心右移，随转体右手下按，左手上掤变下按，如图4.37.5所示。

（2）甲在上招推挤后，马上又上右步用右手抓住乙的右手，如

图4.37.6所示。

（3）乙被抓后，迅速向下引化，同时身体右转，左臂迅速粘住甲的右大臂，如图4.37.7所示。

（4）乙在身转不停的情况下，右手旋腕，左手上托至与肩平后，再逆缠按住甲右肩外捌，使甲向右前跌出，如图4.37.8所示。

图4.37.5 拳势

图4.37.6 抓手

图4.37.7 捋化托臂

图4.37.8 旋腕外捌

三、顶裆搓臂

（1）拳势介绍。拳法继续，重心右移，左腿收至体前呈虚步，同时左臂里合后拉、立掌于体前，右掌里合前搓，如图4.37.9所示。

（2）当乙后撤转体后，突然甲向前抓住乙的双臂，如图4.37.10所示。

图4.37.9　拳势

图4.37.10　抓双臂

（3）这时，乙迅速将两臂外掤化劲，如图4.37.11所示。

（4）同时，乙左手向后、右手前搓甲的左右臂，右腿提起向前顶撞甲裆部，甲受击败出，如图4.37.12、图4.37.13所示。

图4.37.11　外掤化劲

图4.37.12　前搓双臂

图4.37.13　提腿击裆

第三十八节　当头炮技击法

太极拳技击中的当头炮，表面看是技击的一种技法，但同时也包含着即将凯旋的意境。

在当头炮的发拳中，最明显的特点就是弹抖劲。发劲时腰部旋转，裆劲扣住。然后后足跟蹬地，达到发劲整，落点准，发力透，动作快猛迅疾，力达梢节，直入骨髓。

一、弹抖蹬靠

（1）拳势介绍。接转身摆莲，右腿落地后，向右后方撤步，同时双掌前掤，然后身体向右拧转，重心右移，双手下捋，如图4.38.1所示。

（2）甲从乙身后上前抓按住乙双肩，如图4.38.2所示。

图4.38.1　拳势

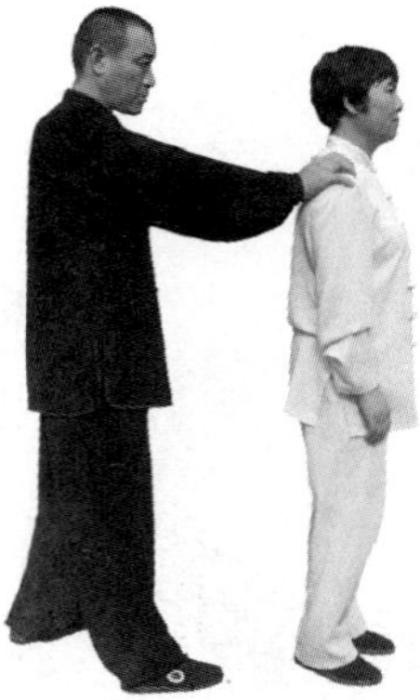

图4.38.2　按肩

（3）乙双肩被抓后，身体先左后右发一弹抖劲，同时提右腿向后蹬击甲的右腿，如图4.38.3所示。

（4）乙双掌合劲，用右肩和肘猛撞甲的胸部及右软肋处，甲在弹抖劲、受蹬和肩肘撞后，向后跌出，如图4.38.4所示。

图4.38.3　提腿后蹬

图4.38.4　用肘击胸

二、右捋左发

（1）拳势介绍。拳法继续，双掌在腹前变拳，身体再向左拧，右脚蹬地，重心迅速左移，同时双拳旋转前冲，如图4.38.5所示。

（2）甲从正面上右步，出右拳攻击乙的面部，乙用右手外拨化劲，如图4.38.6所示。

图4.38.5　拳势

图4.38.6　外拨化劲

（3）乙身体右转，左腿上步于甲右腿外侧，双手采住甲的右臂向右下捋去，如图4.38.7所示。

图4.38.7　右捋

（4）甲欲后撤时，乙右脚蹬地，重心左移，推按甲右臂向左前发出，如图4.38.8所示。

图4.38.8　推按发出

三、原路返回

这个招法是前边两种拳势的总合。

（1）甲从正面上右步，用双手抓住乙的双臂，如图4.38.9所示。

（2）乙带着甲双手向上掤起，如图4.38.10所示。

（3）乙身体向右拧转，双手向右下捋去，如图4.38.11所示。

（4）当乙右手捋到右腿上方时，甲双手后抽，乙迅速地向左转体，右脚蹬地，双手推着甲的双臂向左前送出，如图4.38.12所示。

图4.38.9　抓双臂

图4.38.10　上掤

图4.38.11　右捋

图4.38.12　推臂送出

第五章

防身自卫术

拳论讲“法无定法”，防身自卫术就是这样一项综合性的武术技击术。它简捷实用，无招无式无规则，无时间无特定环境，没有任何武术框架，没有任何搏斗约束，是一种自由发挥式的技击格斗。它的作用，就是自己在受到不法侵害或可能要受到不法侵害时，摆脱或反击歹徒。

第一节　防身与自卫

在经济水平提高和发展过程中，由于各地经济条件的限制，就会产生经济收入的不平衡。并且随着社会的开放，社会上闲散流动人口也就越来越多，人们也就面临着更多的诱惑和潜在的危害，诸多社会不安定因素也就随之产生。所以，为了自身的安全和全家的幸福，就要有一定的防身自卫的手段。

那么什么是防身呢？防身就是采取某种措施，防止外界对自身的伤害，所以防身是“防”而不是“打”。这种防是自身修养与智慧的结晶，它可以达到“防患于未然”。如单人行走要提高警惕，遇到可疑人员应避开；外出时财不外露，遇到陌生人不要搭腔；平常要多结交朋友，不要树敌；遇到威胁时要沉着应对等。而自卫，就是自身受到侵害时，使用法律赋予自己的权力，采取合理的技击，使自己身体不受伤害或少受伤害。

当遇到伤害时，会武术的人，可采用前面章节中所讲的技击方法而进行自卫；不会武术的人，则应根据本章所介绍的技击方法进行自卫。

一、头脑冷静，临危不惧

当自己遇到歹徒、将要受到侵害时，精神状态是首要的。俗话说：做贼心虚，力取不如智取，力胜不如智胜。歹徒就是想速战速决，达到犯罪的目的，这就要求无论面对徒手或手持凶器的歹徒，都应沉着冷静，毫无惧色。要充分运用自己的智慧争取时间，或逃脱，或求得帮助，甚至找机会给歹徒以重击。

女性面临强暴时，多表现为闭目、掩面、掉头跑、尖叫、哭泣、浑身战栗、手脚发软，甚至昏厥或丧失心志等，所以，女性自卫不但要战胜歹徒，更是要战胜自己，才能临危不惧，战胜对方。

二、以巧取胜，把握尺度

女子由于各方面身体素质均不如男子，因此面对歹徒时，不应做无畏的挣扎与力量上的拼斗，而要用缓兵之计，以巧取胜。在防身自卫中，要根据不同的情节、不同的性质来选用程度不同的技击方法，并且还要注意如下的法律规定：

（1）正当防卫所针对的必须是不法侵害。

（2）正当防卫所针对的必须是不法侵害人。

（3）必须是不法侵害正在进行时。

（4）正当防卫不能超越法律赋予的限度。

三、明察秋毫，定夺防卫

在遇到歹徒时，应仔细观察现场的地形、地理条件，对方的高低胖瘦，具有什么明显的特征，以及对方采用的侵害手法和目的。要重点观察对方的眼神，从眼神中确定是老手还是新手。要记清自己所处的位置、地理条件和交通条件。歹徒是否戴有贵重的金银饰品等，是色狼还是“饿”鬼。歹徒对女性实施侵害时，因女性自卫能力弱，一般不会直接以生命侵害为目的，这样就给了女性一个自卫的好时机。这样分析对比后，就能采取相应的防卫手段。

四、机智应变，击中要害

凡遇侵害时，均是突然发生，并且情况千变万化，所以自己要在变化中求镇静，机智应对，切不可慌乱失策。女子受到侵害时，则应根据歹徒的意图进行哄骗，这样歹徒就会放松警惕，此时要抓住时机，用手、拳、腿或物等进行反击。反击时，要狠字当头，结合自己所知道的身体脆弱部位、要害部位，以及自己特长，准确击打，争取一招制敌，脱离险情。身体上的脆弱部位及要害部位，最为明显的就是对方的眼睛、鼻子、咽喉、腋下，男子的裆部，以及太阳穴、玉枕穴、肘关节、膝关节等。如果身体已被对方拿死时，则要根据下边的自卫方法进行攻击解脱。

第二节　女子防身自卫术

女子防身自卫术，不是体育运动，不是散打搏击，而是无规则、无限制的格斗行为和以伤敌为目的的防御行为。女子防身自卫术常识，是女子防身自卫的最基本内容，也是防身自卫时的锐利武器。

如果女子受到歹徒抓胸、搂抱、放倒地上时，就要用身体部位作为武器去自卫。这些部位主要是指人体的手、肘、膝、头等。

一、手

手是最为常用的、最为便捷的、最为灵活的自卫武器。

（一）掌与手指

手掌与手指都是手的主要结构。用掌一般以推为主，用手指时则要进行手指的变换，成为相应的形状。如把手指弯曲可成为虎爪状，四指弯曲与拇指相接则为钩子等。

当遭歹徒抓肩、抓胸、搂抱时，如果这时手未被控制，可用手掌，以掌根猛击歹徒鼻梁，可致歹徒鼻血顿流，或者昏厥。

掌击鼻子后，瞬时五指稍弯，以指甲沿其面向下抓，一是可抓破其眼睑，让其睁不开眼睛，即可逃脱；二是抓破其面部可给其留下记号，给破案提供线索。

如果歹徒将你按倒在地时，一般是欲行不轨，这时你可猛然地用手指去戳对方的眼睛。戳时，可用单手指、双手指，或者五指齐上，这样可解被按地之危。

（二）拳

拳是防身自卫的最主要的攻击武器，是手的变形。当女子遇到劫匪或色狼时，应握指成拳对其攻击。拳的攻击形式，主要有冲拳、勾拳、扫拳、劈拳。

冲拳，指出拳时为直线形，可直接击打对方的面部和胸部。

勾拳，也称抄拳，一般是走弧线，有时也走直线，由下方用拳面击打对方下颌等部位。

扫拳，也叫鞭拳，是横向型的一种拳法，以拳背从左右去击打对手两耳、太阳穴、左右肋等。

劈拳，好比用刀子由上向下劈材一般，是一种上下击打对方头顶、鼻子、面部等的拳法。

二、肘

在防身自卫中，肘的打击力度比用手还要大、还要狠。

顶肘，就是将手臂屈起，肘尖朝前，可以攻击歹徒的胸、面、腋下等部位。

在顶肘中，还有一种反手顶肘法，就是指肘向身后顶击，主要是对付身后抓肩的歹徒。

挑肘，就是前臂回收弯曲，肘尖由下斜向上挑击歹徒的下巴、面部等。

横肘，顾名思义，就是横向地肘击歹徒的太阳穴、耳部等，击打时要使肘法向前才更为有力。

如背后被歹徒抓肩或抱身，这时身体要旋转发力，同时手臂随旋转方向向后横向猛击其面部、耳部、太阳穴等。

三、膝

女子受到侵害时往往是被歹徒前抱，此时由于手臂被控制，歹徒的注意力集中在上边，你无法用手、肘去攻击对方，但正好可以用膝自卫。膝是女性用来攻击的利器。

用膝时主要是提膝上顶对方的裆部，这是对男性歹徒最有力的攻击。

用膝攻击对方，不光是站立时可用，就是被歹徒按倒在地时，也可提膝顶住对方裆部。

四、头

当女子遇到歹徒搂抱时，可用头部（实际是前额）去撞击歹徒的鼻梁或胸部，这种攻击是非常有力的。

第三节　歹徒抓腕自卫术

如果你在行走时，突遇歹徒上前抓住你的手腕时，则可用下面的方法进行自卫。

一、折指法

（1）歹徒（男，下同）从前边来，伸右手抓住你（女，下同）的右手腕，欲抢走你手中的提包，如图5.3.1所示。

（2）这时你提左腿上步，身体右拧，左手去扣压歹徒的大拇指向外折，被抓的右手即可脱出，如图5.3.2、图5.3.3所示。

（3）同时，左手扣压歹徒的大拇指向外折弯，这时歹徒因手指被拿而倾倒，如图5.3.4所示。

图5.3.1　抓腕

图5.3.2　扣压拇指

图5.3.3　脱手

图5.3.4　折指

二、折腕法

（1）歹徒从前边来，伸右手抓住你的右手腕，如图5.3.5所示。

（2）当手腕被抓时，你提左腿向前上步，身体右拧，左手抬起去扣压住歹徒的右手大拇指，右臂屈起解脱，如图5.3.5、图5.3.6所示。

（3）随即用你的右手抓住歹徒的右手背，右腿向后撤步，将歹徒的右前臂弯起，折腕向外按压歹徒的右腕，歹徒被按坐地，如图5.3.7所示。

图5.3.5　抓腕

图5.3.6　扣指脱手

图5.3.7　折腕按压

三、肘击

（1）歹徒上右步，用右手抓住你的右手腕，如图5.3.8所示。

（2）这时你要将左腿提起向前上步，身体右转，右手臂猛然向右上，甩脱歹徒所抓之手，左臂也随之向右屈起，如图5.3.9所示。

（3）随即左肘横向猛击歹徒的右肋，

图5.3.8　抓腕

如图5.3.10所示。

图5.3.9　脱手

图5.3.10　击肋

四、捌额

（1）当歹徒从正面上右步，出右手抓死你的右手腕，如图5.3.11所示。

（2）这时你要提左腿上步，身体右转，右手臂猛然向右上，甩脱歹徒所抓之手，左手屈起至歹徒的右手臂上方，如图5.3.12所示。

图5.3.11　抓腕

图5.3.12　甩脱

（3）同时，左臂伸展外捌歹徒的额头，歹徒因重心失稳而后跌，如图5.3.13所示。

图5.3.13　捌额

五、扫颈

（1）当你在行走时，歹徒突然从正面上右步，用右手抓住你的左手腕，如图5.3.14所示。

图5.3.14　抓手

（2）这时你应迅速地提左腿上步，并且左手领着歹徒的右手向前，然后以左脚为支点，提起右腿向右转体，如图5.3.15所示。

（3）身体右转不停，左手随体转将左手脱出，随即右手臂上伸，猛击歹徒的颈部，歹徒被击倒，如图5.3.16所示。

图5.3.15 领手转体

图5.3.16 脱手击颈

六、卷腕

（1）歹徒从正面上右步，用右手抓紧你的左腕，这时，你的左手带着歹徒的右手向上，并向胸前弯曲，如图5.3.17所示。

（2）同时，右手向上托住歹徒的右手腕猛然向上推起，被抓之手解脱。左手解脱后反抓住歹徒的右手背，如图5.3.18所示。

图5.3.17 上引

图5.3.18 脱手抓背

（3）重心前移，左手带着歹徒的右手向左下卷压，歹徒因手臂被拿而倒地，如图5.3.19所示。

图5.3.19　卷压手腕

第四节　歹徒抓肩自卫术

歹徒抓肩，有单手抓肩和双手抓肩之分。这时你要根据歹徒抓肩的情况，沉着应对，进行自卫。

一、卷臂法

（1）当你单人行走时，歹徒突然从正面上右步，出右手抓住你左肩，如图5.4.1所示。

（2）这时，你的左手由外向上反抓住歹徒的小臂，如图5.4.2所示。

（3）乙右腿提起后撤，身体向右转动，随转体左手臂翻压至歹徒的右臂之上向下卷压。同时，身体右转，双腿

图5.4.1　抓肩

屈膝向下，右手向前抓住歹徒的右手背，折其腕关节，歹徒失去抵抗而被制服，如图5.4.3所示。

图5.4.2　按压

图5.4.3　转体卷臂

二、推肩法

（1）歹徒从正面上右步，出右手抓住你的左肩，如图5.4.4所示。

图5.4.4　抓肩

（2）这时你应迅速地用左手按压住歹徒抓肩之手，然后身体左转，随转体提右腿上步至歹徒右腿的外侧，右手随上步至歹徒的右肩前，如图5.4.5所示。

（3）同时，身体左拧下蹲，左手按压歹徒的右腕，右手推歹徒的右肩，歹徒螺旋地向后倒地，如图5.4.6所示。

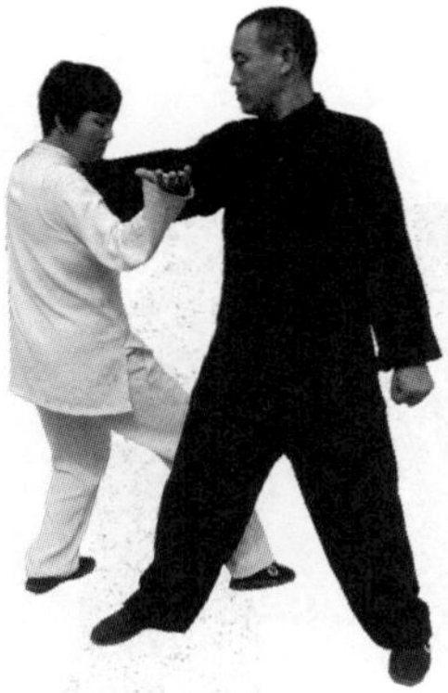

图5.4.5　侧身上步

图5.4.6　压腕推肩

三、撞鼻

（1）歹徒从正面上右步，用双手抓住你的双肩，如图5.4.7所示。

（2）这时你趁歹徒双手未抓紧之时，双手从歹徒双臂之间向上，然后将歹徒两臂外撑，如图5.4.8所示。

（3）同时，提右腿向前上步，用额头去撞击歹徒的鼻子，歹徒会立即松手，如图5.4.9所示。

图5.4.7　抓肩

图5.4.8　向外撑臂

图5.4.9　撞鼻

四、戳胸

（1）歹徒从正面用双手抓住你的双肩，如图5.4.10所示。

图5.4.10 双手抓肩

（2）双肩被抓后，你应马上提左腿上步，双臂合劲向前去戳歹徒的胸部或心窝处，这时歹徒的臀部后撅，如图5.4.11所示。

（3）趁歹徒臀部后撅之机，提右腿去蹬其裆部或腹部，如图5.4.12所示。

图5.4.11 戳胸

图5.4.12 蹬裆

五、顶裆

这种技法最适于女子防身自卫。

（1）如果歹徒从正面双手抱紧你的双肩，并且身子紧贴着你的身子，如图5.4.13所示。

（2）这时你要沉着应战，因歹徒与你紧贴身，你可以提起右腿向上顶击歹徒的裆部，歹徒就会立即松手解危，如图5.4.14所示。

图5.4.13　双手抓肩

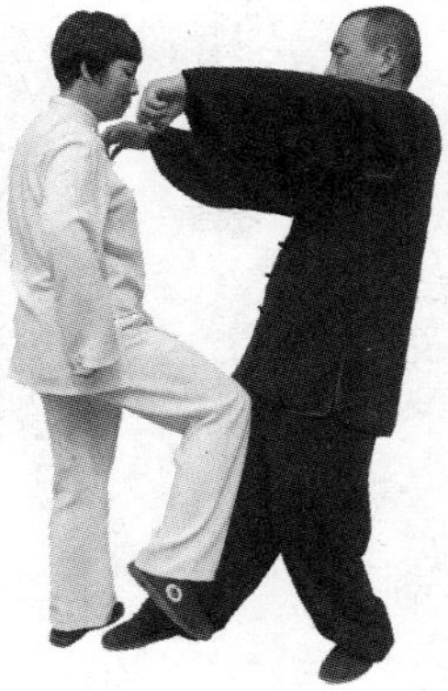

图5.4.14　顶裆

第五节　歹徒抓发自卫术

在对付歹徒抓发的自卫中，必须先将歹徒抓发的手进行控制，然后才能去进行自卫反攻，这样才能保证头发不被撕拽。

一、按手折腕

这一自卫术简单实用，最适用于力量单薄之人和女子防身自卫。

（1）歹徒从正面上右步，用右手抓住你的头发，如图5.5.1所示。

（2）当头发被抓之时，应迅速用双手按紧歹徒抓发之手的腕关节处，如图5.5.2所示。

（3）同时，你的右腿向后退一步，双手按着歹徒之手随身向下，使歹徒的右腕呈反关节状被制服，如图5.5.3所示。

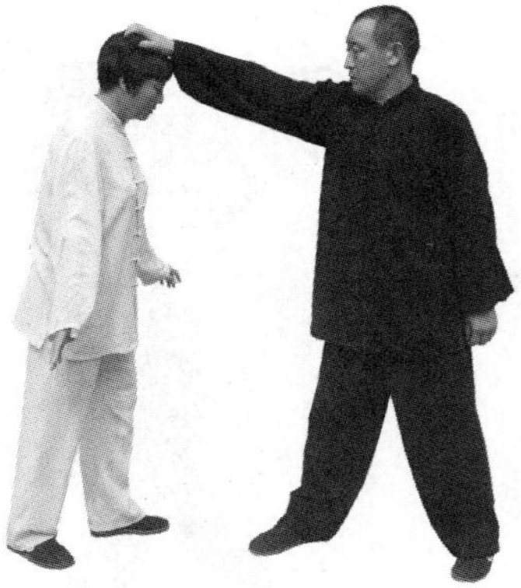

图5.5.1 抓发

图5.5.2 按压

图5.5.3 沉身前拉

二、折腕踢裆

图5.5.4 抓发

（1）歹徒上右步，出右手抓住你的头发，如图5.5.4所示。

（2）这时，你要迅速用双手去按压住歹徒抓发的手，一般情况下是左手在下、右手在上双手重叠，也可十指交叉下压，如图5.5.5所示。

（3）按住对方手的同时，右腿向后撤一步，上身向下弯曲，使对方的手腕呈反关节状，并且当对方身体向后时，你提起右腿，猛踢歹徒的裆部，这时歹徒立即撒手去捂自己的裆部，如图5.5.6所示。

图5.5.5　按压

图5.5.6　折腕踢裆

三、击肋砸臂

（1）歹徒从正面上右步，用右手抓住你的头发，如图5.5.7所示。

（2）你要迅速地用右手按压住歹徒的抓发之手，如图5.5.8所示。

图5.5.7　抓发

图5.5.8　按手

（3）同时，在按手之际，你的左手成拳顺着歹徒的右臂向前去攻击歹徒的右肋处，如图5.5.9所示。

图5.5.9　击肋

（4）这时趁歹徒身体后拉时，你将左手弯曲向上，用肘下砸歹徒的右前臂，并随着砸臂身体向下蹲，右手采着歹徒的右手脱离头部向右拉伸，如图5.5.10所示。

图5.5.10　沉身砸臂

第六节　歹徒搂抱自卫术

在遭遇歹徒搂抱时，会有多种险情发生，如搂脖、搂腰、从背后搂抱等，这时你的双臂可能被控制而不能进行反击自卫。在这种情况下，你就要运用能活动的头部、下肢，以及转动身体的方法解脱和自卫反击。

一、咬唇

这一自卫术，是女子遇到色狼时，所采用的一种方法。

如果歹徒从你正面，用双手裹着你的脖子，欲要强吻时，这时你不要左右摆头进行躲吻。这样歹徒不但不会放过你，并且还会采用更强硬的手段，对你非常不利。遇到这种情况时，你就让他的嘴唇过来，然后张嘴咬住他的嘴唇或者舌头，这时歹徒就会松手。在咬唇或者舌头的同时，可提腿击裆，这样你就可以顺利逃脱。

二、击腹撞胸

（1）歹徒从正面用双手紧抱你的双臂及腰部，如图5.6.1所示。

（2）这时，你的头可先向前撞击歹徒的面部，趁歹徒双手松动之时，两臂再先后向前击打歹徒的小腹两侧，如图5.6.2所示。

（3）在击腹的同时，提右腿向上，去撞击歹徒的裆部或腹部，如图5.6.3所示。

图5.6.1　搂抱

图5.6.2　撞面击腹

图5.6.3　撞裆

三、抱体扣眼

（1）歹徒从正面过来，用双臂将你抱起，如图5.6.4所示。

（2）这时，你两手向上，对着歹徒的眼睛，四指朝下去抠歹徒的眼睛，趁歹徒松手之机可逃脱，如图5.6.5所示。

（3）如果歹徒将你抱起，你也可以用两手向上卡住歹徒的太阳穴，并且大拇指向下抠压歹徒的双眼，如图5.6.6所示。

图5.6.4　抱起

图5.6.5　抠眼

图5.6.6　掐穴抠眼

四、震脚击腹

（1）歹徒从你的背后，上右步，用双手搂抱着你的胸部，如图5.6.7所示。

（2）这时，你不要挣脱，可用右手向后晃动一下，引开歹徒的注意力，然后突然提右脚下踩歹徒的脚面，如图5.6.8所示。

（3）歹徒脚面受击后，会下意识地松开双手，这时你要身体右转，屈右肘猛击歹徒的肋部，可向前逃脱，如图5.6.9所示。

图5.6.7　后抱

图5.6.8　震脚

图5.6.9　转体击腹

五、击胸拍裆

（1）你在前面行走时，歹徒从后面窜至你背后，身体左转90度，用右臂缠裹你的脖子，如图5.6.10所示。

（2）这时，你用右手抓住歹徒的右前臂向下的瞬间，身体向左拧转，左臂屈起成肘，向后猛击歹徒的胸部，如图5.6.11所示。

（3）当歹徒身体前倾之时，左臂向下拍击歹徒的裆部，如图5.6.12所示。这时歹徒松手捂裆，你可解危。

图5.6.10　卡脖

图5.6.11　拧体击胸

图5.6.12　拍裆

六、转体击肋

（1）你正向前行走时，歹徒从正面上左步，用右手抓住你的右手，如图5.6.13所示。

（2）然后，歹徒拉着你的手臂并向右转体，又用左臂抱紧你的脖子，如图5.6.14所示。

（3）在歹徒抱住你脖子时，你将左臂屈起，再突然向左转体，猛击歹徒的左肋或左胸，歹徒则松手后退，如图5.6.15所示。

图5.6.13　拉手

图5.6.14　卡脖

图5.6.15　转体击肋

参考文献

[1] 李旺华. 武术与养生. 广州：中山大学出版社，2003.

[2] 陈鑫. 太极拳图说. 太原：山西科学技术出版社，2007.

[3] 张清华，罗伟凡. 运动养生. 北京：中国社会出版社，2007.

[4] 戚继光. 纪效新书. 上海：中华书局，2001.

[5] 曲黎敏. 黄帝内经. 福州：鹭江出版社，2007.

[6] 王峰朝，王凤阳. 二十四式太极拳技击含义阐释. 北京：人民体育出版社，2009.

[7] 老子. 道德经. 沈阳：万卷出版社，2010.

[8] 李宝廷，陈发科. 太极拳技击讲堂. 北京：人民军医出版社，2012.